Pedro Calderón de la Barca

Amor, honor y poder

Barcelona **2024**
Linkgua-ediciones.com

Créditos

Título original: Amor, honor y poder.

© 2024, Red ediciones S.L.

e-mail: info@linkgua.com

Diseño cubierta: Michel Mallard

ISBN rústica: 978-84-9816-395-7.
ISBN ebook: 978-84-9816-925-6.

Sumario

Brevísima presentación

La vida
Pedro Calderón de la Barca. (Madrid, 1600-Madrid, 1681). España.
Su padre era noble y escribano en el consejo de hacienda del rey. Se educó en el colegio imperial de los jesuitas y más tarde entró en las universidades de Alcalá y Salamanca, aunque no se sabe si llegó a graduarse. Tuvo una juventud turbulenta. Incluso se le acusa de la muerte de algunos de sus enemigos. En 1621, se negó a ser sacerdote, y poco después, en 1623, empezó a escribir y estrenar obras de teatro. Escribió más de ciento veinte, otra docena larga en colaboración y alrededor de setenta autos sacramentales. Sus primeros estrenos fueron en corrales.
Lope de Vega elogió sus obras, pero en 1629 dejaron de ser amigos tras un extraño incidente: un hermano de Calderón fue agredido y, al perseguir al atacante, entró en un convento donde vivía como monja la hija de Lope. Nadie sabe qué pasó.
Entre 1635 y 1637, Calderón de la Barca fue nombrado caballero de la Orden de Santiago. Por entonces publicó veinticuatro comedias en dos volúmenes y La vida es sueño (1636), su obra más célebre. En la década siguiente vivió en Cataluña y entre 1640 y 1642, combatió con las tropas castellanas. Sin embargo, su salud se quebrantó y abandonó la vida militar. Entre 1647 y 1649 la muerte de la reina y después la del príncipe heredero provocaron el cierre de los teatros, por lo que Calderón tuvo que limitarse a escribir autos sacramentales.
Calderón murió mientras trabajaba en una comedia dedicada a la reina María Luisa, mujer de Carlos II el Hechizado. Su hermano José, hombre pendenciero, fue uno de sus editores más fieles.

Esta es la primera comedia atribuida con certeza a Calderón de la Barca. Se estrenó en Madrid, en el viejo Alcázar, el 29 de junio de 1623, por la compañía de Juan Acacio Bernal. La obra contiene en el título los tres ejes fundamentales de la acción, y se basa en la historia ejemplar titulada Cómo Eduardo III, rey de Inglaterra, se enamoró de la condesa Salveric y cómo después de haberla seguido por muchas vías, se vino a casar con ella.

Personajes

El Conde
El Rey
Enrico
Estela
Infanta
Ludovico
Teobaldo
Tosco, villan
Un Cazador

Jornada primera

Salen Enrico y Estela

Enrico   No salgas, Estela, al monte,
vuélvete al castillo, hermana,
que por estos campos hoy
ha salido el Rey a caza.
No te vea de la suerte   5
que en las soledades andas,
causando a Venus desprecio,
dando envidias a Diana,
cuando Diosa destos montes,
que miden veloz tus plantas,   10
o son las cumbres de Chipre
o son las selvas de Arcadia.
Por tu gusto, Estela, vives
en Salveric retirada
del aplauso de la corte,   15
del adorno de sus galas.
Aquí un hermano te sirva,
aquí un padre te acompaña
y aquí un monte te obedece,
que reina suya te llama.   20
No te vea el Rey y piense,
viendo la humildad que tratas,
que lo que es sobra del gusto,
viene a ser del honor falta.
Por tu vida que te quedes   25
en Salveric y no salgas
hoy al monte.

Estela   No saldré,
que ser gusto tuyo basta.

| | Desde aquí al castillo vuelvo | |
| | a obedecer lo que mandas. | 30 |

Enrico
Yo, hermana, te lo suplico,
queda a Dios.

Una voz (Dentro.)
¡Aparta, aparta!

Enrico
¿Qué voz es esta?

Una voz (Dentro.)
Poned
delante dellas espadas.
Tente indómito caballo.   35

Estela
Desde aquellas cumbres altas
un caballo se despeña
con una mujer.

Enrico
Hoy baja
despeñado otro Faetonte.
Poco le debo, si aguarda   40
más ocasión mi valor,
para mostrarse, pues basta
el ser mujer.

(Vase.)

Estela
En el viento
apenas pone las plantas,
porque un volante que al Sol   45
le vuelve otro Sol de plata,
lleno del viento que deja
le va sirviendo de alas.
Tan igualmente ligeros

los pies y manos levanta,   50
que parece que a los cielos
tira la yerba que arranca,
tan bañado en sus espumas,
que parece que un mar pasa
y que pegado en los pechos   55
el mar a pedazos saca.
Firme la dama le oprime
y aunque sean tan contrarias
la de un bruto y la de un Sol,
son dos cuerpos con un alma.   60
Ella cobarde se anima
y animosa se desmaya,
que es el peligro forzoso,
donde la fuerza es tan flaca.
Pero ya Enrico, mi hermano,   65
saliendo al paso le aguarda,
aunque un monte es imposible
esperarle cara a cara.
Atravesado se arroja
y el tiro al bocado agarra   70
y asiendo el freno en la mano,
se le opuso a su arrogancia.
Con la izquierda en un sujeto
el viento y el fuego para,
y con la derecha a un punto   75
por el arzón mismo saca
a la dama, que en los brazos
sin aliento y desmayada,
el sobresalto al peligro,
lo que le debe le paga.   80
Y tirando el freno, cuando
a la silla el brazo alarga,
volvió el caballo, parece

que a mirar lo que llevaba,
porque envidioso de verse   85
dueño de gloria tan alta,
quiso con bárbaro intento,
sino perderla, robarla.
Mas ya con ella en los brazos
al valle mi hermano baja,   90
que parece que del Sol
harto su esplendor la llama.

(Sale Enrico con la Infanta en los brazos.)

Enrico   ¡Hermana, Estrella! Volando
                        trae de aquesa fuente agua
                        o entra por ella al castillo.   95

Estela   Yo voy presto; aquí me aguarda.

(Vase.)

Enrico   Trae el agua, que mis ojos
                        no me darán la que basta,
                        porque será breve el mar
                        para vencer fuerza tanta.   100
                        ¡Qué mucho, si el mismo Sol,
                        aunque con luz eclipsada,
                        hoy en sus rayos me quema,
                        hoy en sus rayos me abrasa!
                        ¿Quién ha visto, quién ha visto,   105
                        aunque por suertes contrarias,
                        desgraciada la ventura,
                        venturosa la desgracia?
                        ¡Señora, señora! Apenas
                        oye mi voz y turbada   110

la color, en un compuesto
mezcló la nieve y el nácar.
Y dichosamente unida,
nieve roja o rosas blancas,
se vio purpúrea la nieve   115
y la púrpura nevada.
No sé qué deidad oculta
a su adoración me llama,
que de tan forzoso efeto
no determino la causa.   120
¡Señora!

Infanta   ¡Válgame el cielo!

Enrico   ¡Albricias, cielos, que habla!
                ¡Alma, albricias!

Infanta   ¿Dónde estoy?

Enrico   ¡Ah señora!

Infanta   ¿Quién me llama?

Enrico   Quien del alma la mitad,   125
                hoy a tu vida consagra
                y por no dejar de verte,
                no te ofrece toda el alma.
                Aquel caballo, sin duda,
                es el Júpiter que anda   130
                enamorado y tomó
                forma en apariencia rara,
                para que tú fueras, cuando
                le oprimieras las espaldas,
                Europa de Inglaterra,   135

y él el caballo de España.
¿Cómo te sientes?

Infanta   Mejor.
Mas ¿quién eres tú, que amparas
mi vida?

Enrico   Soy quien la tuya
también ofrece a tus plantas.   140

Infanta   ¿La vida te debo?

Enrico   Es cierto;
mas procedes tan tirana,
que cuando te doy la vida,
en satisfación me matas.

Infanta [Aparte.]   (Agradecida le escucho,   145
que del honor fuera falta
la ingratitud a quien debo
la vida.) ¿Cómo te llamas?

Enrico   Enrico de Salveric,
que vivo en estas montañas,   150
en el castillo famoso
que es mi apellido y mi casa.
Aquí podrás descansar.
Yo quisiera que el alcázar
fuera del Sol. Mas ¿quién eres?   155

Infanta   Yo soy...

(Sale el Rey, Ludovico, Teobaldo y acompañamiento.)

Ludovico	Aquí está la Infanta.

Rey Hermana, dame tus brazos.
¿Cómo te sientes?

Infanta   No es nada
el dolor, aunque no puedo
estar en pie.

Rey   Pues llevadla   160
a ese castillo y en él
descanse lo que le falta
al día, que ya con sombras
negras la noche amenaza.

Teobaldo ¡Dichoso quien llega a verte   165
con vida, porque presaga
el alma de tus desdichas,
temió tu muerte temprana!
¡Vida te dio mi deseo!

Infanta Yo procuraré pagarla,   170
que a quien me ha dado la vida,
no es mucho que le dé el alma.

(Vase.)

Enrico [Aparte.] (¡Ay arrogantes deseos!
¡Ay humildes confianzas!
¡Ay cobardes presunciones!   175
¡Ay satisfaciones falsas!
¡Ay esperanzas perdidas!
La Infanta, ¡cielos!, la Infanta
es a la que di la vida

	y la que me quita el alma.)	180
	Vuestra Majestad me dé	
	a besar sus Reales plantas,	
	si de la tierra que piso	
	merezco tocar la estampa.	

Rey   ¿Quién eres?

Enrico   Enrico soy.   185
              de Salveric, que mi casa
              es hoy, pues a honrarla vienes,
              venturosa en tal desgracia.

Rey   ¿Cómo retirado vives
              de la corte?

Enrico   Porque halla   190
              mi padre en la soledad
              más quietud a su edad larga.

Rey   ¿Vive todavía el Conde?

Enrico   Sí señor.

Rey   Fue la privanza
              de mi padre. ¿Y solo tú   195
              su soledad acompañas
              o vive también Estela
              con vosotros?

Enrico[Aparte.]   ¡Cosa extraña
              que no pudiese encubrirlo!
              Aquí está, señor, mi hermana,   200
              que también del campo gusta.

Rey	Mucho le debe a la fama.
	¿Qué dicen, que es muy hermosa?
Enrico	Siempre la opinión se alarga,
	que no es muy hermosa Estela, 205
	el no ser fea le basta.
Rey	Dícenme que es muy discreta.
Enrico	Sabe, señor, cosa es clara,
	lo que tiene obligación
	una mujer en su casa. 210
Rey	Mucho me holgara de verla.
Enrico	No es el traje en que ella anda,
	digno, señor, de tus ojos;
	y esta sola fue la causa
	para excusar de que tú 215
	la vieras.

(Sale Estela.)

Estela	Aquí está el agua.
	Mas ¡qué miro!
Enrico	Estela es esta,
	que cuando cayó la Infanta
	fue por agua y viene agora.
Rey	Mejor dijeras que el alba, 220
	vestida de resplandores
	o de rayos coronada,

	otra vez al campo sale	
	y que entre sus manos blancas	
	trae congelado el rocío,	225
	que por lágrimas derrama.	
Estela	Vuestra Majestad, señor,	
	disculpando la ignorancia	
	que me permite este traje,	
	me dé sus manos.	
Rey	Levanta,	230
	no me acuse la soberbia	
	que tuve un cielo a mis plantas	
	porque si otras hermosuras	
	un mundo pequeño llaman,	
	tú eres un cielo pequeño.	235
Enrico	¡Qué bien la humildad ensalzas!	
	El cielo aumente tu vida.	
Rey [Aparte.]	(¡Oh lo que este hermano habla!)	
	¡Ah Ludovico!	
Ludovico	Señor.	
Rey	No sé qué siento en el alma,	240
	que con decirme que es mía,	
	ya como ajena me trata.	
Ludovico [Aparte.]	(¡Ay Estela! ¡Quién creyera,	
	que cuando a verte llegara,	
	vencieran celos de un rey	245
	el contento que me causas!)	
	¿Qué sientes?	

Rey	Siento temor,
	con el amor en batalla
	y cuanto el amor me anima
	tanto el amor me acobarda.
	Estela me da contento
	y aqueste hermano me cansa.

250

Ludovico	Échale de aquí, que todo
	es invenciones quien ama.

Rey	Bien me aconsejas.

Ludovico [Aparte.]	¡Ay cielos!
	¡Oh mal haya, amor, mal haya
	el que contra sí aconseja!

255

Enrico	Su Alteza, Estela, está en casa
	y pues ha sido ventura
	nuestra, tan gran desgracia,
	aunque como en monte sea
	ve a servilla y regalarla.
	Vuestra Majestad, señor,
	dé licencia. Vete hermana,
	que la agua no es menester.

260

265

Rey	Mejor será que tú vayas,
	que aunque yo no haya caído
	aquí es menester el agua.
	El cansancio y el calor,
	pensión propia de la caza,
	me tienen con sed y quiero
	beber. Vete, pues, ¿qué aguardas?

270

Enrico [Aparte.]	Mi muerte decir pudiera,	
	pues voy, por suertes contrarias,	
	de tu hermana enamorado	275
	y celoso de mi hermana.	

(Vase.)

Rey	Turbado a tu vista llego,	
	que cuando amor me provoca,	
	teniendo el agua en la boca,	
	bebo por los ojos fuego.	280
	Si entre sus rayos me anego,	
	como en sus ondas me abraso	
	de un extremo al otro paso.	
	¿Quién ha visto efecto igual,	
	que esté en la mano el cristal	285
	y esté la llama en el vaso?	
	Cuando el Sol sobre la nieve	
	su rubio esplendor desata,	
	hace una nube de plata	
	que del monte al valle llueve.	290
	Uno corre y otro bebe.	
	Y ansí en efectos tan llanos,	
	de tus ojos soberanos	
	la luz en las manos dio	
	y ese cristal desató	295
	de la nieve de tus manos.	
	Yo, a tu luz turbado y ciego	
	busco el agua; pero ya	
	mal mi fuego templará,	
	si está en el agua mi fuego.	300
	Abrásome, pero luego,	
	que el cristal hermoso pruebo,	
	el agua a los ojos llevo,	

	que en tan confusos enojos,	
	tienen sed labios y ojos.	305
Estela	Bebed ya.	
Rey	Pues ya ¿no bebo?	
Estela	Lisonjera, libre, ingrata,	
	dulce y suave una fuente,	
	hace apacible y corriente	
	de cristal y undosa plata.	310
	Lisonjera se dilata,	
	porque hablaba y no sentía,	
	suave, porque fingía,	
	libre, porque murmuraba,	
	dulce, porque lisonjeaba,	315
	y ingrata, porque corría.	
	Aquí, Vuestra Majestad,	
	podrá templar el rigor	
	de tanto fuego, mejor,	
	porque tanta claridad	320
	quizá ofende por verdad.	
	Y si este cristal deshecho	
	abrasa y yela, sospecho	
	que en mi pecho se ha de hallar	
	el yelo para templar	325
	el fuego de vuestro pecho.	
	Bebed, templad los enojos	
	de tan sedientos agravios.	
Rey	Ya doy el agua a los labios,	
	teniendo el fuego en los ojos.	330
Estela	De tan contrarios despojos	

la causa a decir me atrevo.

Rey A la boca el agua llevo
y mis ojos me la dan,
que ya con más sed están. 335

Estela Bebed ya.

Rey   Pues ya ¿no bebo?
Pero este cristal pretende
acabarme con cautela.
Si fuego, ¿cómo me yela?
Si yelo, ¿cómo me enciende? 340
Si libre, ¿cómo pretende?
Si apacible, ¿cómo daña?
¡Oh cómo me desengaña
el agua, si es lisonjera!
¡Oh cómo en pena tan fiera, 345
siendo tan clara, me engaña!

Estela Claro y ardiendo pretende
experiencia tan extraña,
como claro desengaña
y desengañando enciende. 350
Si vuestra intención me ofende,
dándome el cristal consejo,
en él la respuesta dejo
y es fuerza desengañar,
si para hacerlo ha de estar 355
en mis manos un espejo.
Vuestra Majestad me dé
licencia.

Rey   Un instante espera.

[Aparte.]	(¡Ay, Ludovico! quisiera...)
Ludovico	¿Qué quisieras?
Rey	No lo sé. 360

                            No lo sé.   360
Toda mi vida pensé
que amor cuando un rey se atreve,
flechas de oro y rayos mueve.
Mas ¿qué resistencia aguardo,
si para el fuego en que ardo   365
hoy vibra rayos de nieve?
Mil cosas decir quisiera
de mi desdicha importuna
y apenas he dicho alguna,
cuando vuelvo a la primera.   370
Mis extremos considera,
pues cuando llego a sentir
el fuego en que he de morir
y le pretendo contar,
me contento con mirar   375
y se quedan sin decir.
Tú eres discreto y sabrás
la ocasión de mi cuidado,
y al fin, desapasionado
mucho mejor le dirás,   380
que no puedo sufrir más
el incendio que sentí.
Di que libre vine aquí,
di que ya tendido lloro,
di que su rigor adoro   385
y al fin dila que la vi.

(Vase.)

Ludovico [Aparte.]

(¡Yo le diré tus desvelos
y seré, mas ofendido,
el primero que haya sido
el tercero de sus celos.)   390
Estela, oye, el Rey, ¡ah cielos!
como desapasionado,
aqueste amor me ha fiado.
¡Qué mal su daño advirtió,
si está enamorado, y yo,   395
celoso y enamorado!
Que te diga, me ha mandado,
lo que yo mismo dijera,
si enamorado me viera
no tengo la culpa yo,   400
pues él la ocasión me dio.
Si cuando a mirarte llego
me abraso en el mismo fuego,
no es nuevo el mal que resisto,
que ya en el mundo se ha visto   405
guiar un ciego a otro ciego.
Díjome, que no sabía
encarecerte su pena,
que la diga como ajena
y dígola como mía.   410
Estela, si te quería,
pregúntaselo a los cielos,
testigos de mis desvelos.
Pero en confusión tan brava,
si otro en los celos acaba,   415
mi amor se empieza en los celos.

Estela

El Rey de una misma suerte
a ti te ha dado ocasión
para decir tu pasión

y a mí para responderte.   420
Dile al Rey cuán mal advierte
en mi honor siempre fiel.
Ser noble, no es ser cruel,
pues dices lo que a él le obliga,
dirasle al Rey que te diga   425
lo que le respondí a él.

(Vase.)

Ludovico   ¿Quién en el mundo se ha hallado,
                cuando tal rigor me ofreces,
                enamorado dos veces
                y dos veces despreciado?   430
                Celoso y enamorado,
                con propio y ajeno amor,
                llegué a pedirte un favor.
                Si el desprecio solicitas
                por los celos que me quitas,   435
                yo te perdono el rigor.

(Vase.)

(Sale un Cazador por una puerta, y Tosco villano por otra y dicen dentro primero.)

Cazador   ¡Hola, hao, pastor!

Tosco   ¿A quién
                dan estas voces?

Cazador   A vós.

Tosco   Yo no só hola, juro a Dios,

| | y avísole que habré bien. | 440 |

Cazador
: ¡Hola! ¿Una palabra sola
a un cazador no dirás?

Tosco
: Él es el hola no más,
porque aquí no hay otra hola.
¿Piensa el lacayo que está 445
con otra hola como él,
que solo es su nombre aquel
de hola acá y hola acullá?
¿Que no hay de aquestos criados,
¡mirad qué dichosa gente! 450
quien muera sópitamente,
pues todos mueren oleados?
No debe de hablar conmigo.

Cazador
: Dime el camino en que estoy,
que [ni] sé por dónde voy, 455
ni sé la senda que sigo.
Corriendo el monte venía
con otros monteros yo
y en el monte me cogió
el crepúscolo del día. 460

Tosco
: ¡Lleve Barrabás el nombre!
¿El qué le cogió, señor?

Cazador
: El crepúsculo.

Tosco
:   ¿Es traidor
o es encantado ese hombre?
¿Y cómo le cogió? ¡Hay tal! 465
¿Aquesto en el monte había?

¿Crepúsculo tiene el día?
Y diga, ¿no le hizo mal?

Cazador [Aparte.]   (El Villano se ha creído,
que es alguno que hace daño   470
y ha de quedar con su engaño.)
En fin, hasta aquí he venido
huyendo de aquese hombre.

Tosco   Diga, ¿los hechos son buenos
de aquese que por lo menos   475
tiene peligroso nombre?

Cazador [Aparte.]   (Con esto engañarle puedo,
pues con esta industria mía
lo que no la cortesía,
habrá de obligalle el miedo.)   480
Un hombre se traga entero
si está con hambre, dos
juntos.

Tosco   ¡Oh güego de Dios!
¿Tan güerte tiene el guargero?
Yo le llevaré, ¡pardiez!,   485
hasta el castillo, que allí
el Rey está; ¡pese a mí
dos se zampa de una vez!,
que esta noche se ha quedado
en Salveric, como digo.   490
Yo apostraré que conmigo
no tiene para un bocado.
Yo vine por leña y vo
sin ella, hablalle no puedo.

Cazador [Aparte.]	Él va temblando de miedo.	495

Tosco	Si él me agarra, muerto só.

(Vanse.)

(Sale Teobaldo y la Infanta.)

Teobaldo	No salga Vuestra Alteza,	
	que un bárbaro accidente,	
	descortés, no consiente	
	respeto a la belleza,	500
	cuando en muertos colores	
	halló el campo la vida de las flores.	

Infanta	El riesgo, más que el daño,	
	amenazó mi vida	
	y al peligro rendida,	505
	temí el rigor extraño.	
	Ya estoy más descansada,	
	menos mortal y más enamorada.	

Teobaldo	Descanse Vuestra Alteza.

Infanta [Aparte.]	Pero ¡qué es lo que veo!	510
	Llevome mi deseo.	
	Otra al caer tropieza,	
	pero al revés ha sido,	
	yo tropecé después de haber caído.	
	Muy bien podré ir en coche.	515

Teobaldo	Porque tu Alteza pueda
	descansar, aquí queda
	el Rey aquesta noche.

Infanta	Debo a Enrico la vida.	
[Aparte.]	Enamorada estoy y agradecida.	520

Teobaldo [Aparte.]	¡Oh quién fuera el dichoso	
	que la vida te diera!	
	¡Oh quién Enrico fuera!	
	¡Mil veces venturoso,	
	quien por extraños modos,	525
	hoy da la vida a quien la quita a todos!	

(Salen Ludovico, el Rey, el Conde, Enrico y acompañamiento.)

Conde	De la suerte que sale	
	el Sol resplandeciente,	
	que con su luz ardiente	
	no hay cosa que no iguale,	530
	cuando con rayos baña,	
	ya el techo, ya la rústica cabaña.	
	Ansí noble Rey mío,	
	alégrese esta casa	
	que a serlo del Sol pasa,	535
	de cuya luz confío,	
	que será eterno al día,	
	por tuya celestial, noble por mía.	

| Rey | Alzad, Conde, del suelo, | |
| | dadme, dadme los brazos. | 540 |

| Conde | Será, con tales lazos, | |
| | poco llegar al cielo. | |

| Rey | Mirad, que porque tardan, | |
| | envidiosos los míos os aguardan. | |

Conde	De tu padre heredaste	545
	honrar la humildad mía.	
	¡Cuántas veces solía	
	el Rey, mi señor...!	
Rey	Baste,	
	que como los blasones,	
	heredé de mi padre obligaciones.	550
	Ya sois de mi Consejo	
	de Estado.	
Conde	Señor, mira...	
Rey	Vuestra razón me admira.	
Conde	Que estoy cansado y viejo.	
Rey	Conde, yo sé que tengo	555
	necesidad de vós.	
Conde	Ya no prevengo	
	disculpa, aunque pudiera.	
	Que suplas te suplico	
	esta ignorancia.	
Rey	Enrico,	
	agradecer quisiera	560
	de la Infanta la vida.	
Enrico	Con dársela ha quedado agradecida	
	y no hay en mi cuidado	
	cosa que satisfaga.	
	Solo quiero por paga	565

el habérsela dado
y de nuevo la mía,
que el monte no gastó la cortesía.

Rey

Galán andáis, Enrico,
y aunque en esto no os pago, 570
de mi cámara os hago...

Enrico

Ya los labios aplico
a la tierra que doras.

Rey

Porque entréis donde estoy a todas horas.
La Infanta hará mercedes 575
a Estela de su mano.

Conde

Tantos honores gano,
que ya Alejandro excedes.

Rey [Aparte.]

Pues en un mismo día,
su vida halló donde perdí la mía. 580

Infanta

¿Qué merced hacer puedo
a Estela, o qué favores,
si ya con los mayores
corta y corrida quedo?
Por la de Enrico, beso 585
tus pies.

Enrico [Aparte.]

¡Amor, yo he de perder el seso!
No te despeñes, tente.
¿Hasta dónde has llegado?
No mueras abrasado,
pues solo es bien que intente, 590
estar viendo y amando,

vivir muriendo, por morir callando.)

Rey [A Ludovico.]   Hoy, Ludovico, muero
amante desdichado,
he me desesperado   595
y amando desespero.
En fin, ¿qué te responde?

Ludovico   Al honor más que al gusto corresponde.

Rey   Esta noche he quedado
aquí, por ver si puedo,   600
atropellando el miedo,
ciego y desesperado,
entrar donde está Estela.

Ludovico   Haces bien, que el amor todo es cautela.

Rey   Por esto, sin que haya   605
razón de haberle honrado,
hoy al Conde he obligado
a que a la corte vaya.

Ludovico [Aparte.]   (¡Cuántas honras hay dadas,
que van con sus infamias disfrazadas!)   610
La industria solo ha sido
hija de la fortuna,
ya no espero ninguna.

Conde [Al Rey.]   Como no prevenido,
hoy a tener disponte   615
cama de campo y cena como en monte.

Rey   A aqueso solo vengo,

que si gustos quisiera,
en palacio estuviera.
Ya, Conde, me prevengo   620
a penas y desvelos.

Enrico [Aparte.]   (Y yo rabio de amor, vivo de celos.)

(Vanse.)

Infanta   Determinad pensamiento,
                          si tan confuso rigor
                          ha nacido del amor   625
                          o del agradecimiento.
                          Con dos efectos me siento
                          a una inclinación rendida,
                          si Enrico me dio la vida,
                          si ver a Enrico me agrada,   630
                          ¿es estar enamorada
                          o es estar agradecida?
                          Quisiera darle un favor,
                          que es darle vida, excediera,
                          porque de mi pecho fuera   635
                          la satisfación mayor.
                          En pagándole el valor
                          no estuviera tan rendida,
                          mi voluntad es fingida,
                          satisfacer no es amar.   640
                          Luego tanto desear,
                          es estar agradecida.
                          Pero aunque no me ofreciera
                          vida, pienso, y con razón,
                          que lo que es obligación   645
                          voluntad entonces fuera.
                          Determinarme quisiera,

yo estoy a Enrico inclinada,
más rendida que obligada.
Amar no es satisfacer,   650
luego tanto padecer
es estar enamorada.
Anímame un noble intento,
acobárdame un temor.
Alma, ¿qué es aquesto? Amor.   655
¿Y aquello? Agradecimiento.
Defenderme en vano intento,
deseo, ya estoy vencida,
respeto, ya estoy rendida.
Luego estar tan obligada   660
es estar enamorada
y es estar agradecida.

(Sale Enrico.)

Enrico   ¡Qué bien la gentilidad
                llamaba Dios al amor,
                pues el más humilde honor   665
                iguala a la Majestad!
                ¿Para cuándo es la lealtad
                sino cuando es menester
                saberse un hombre vencer?
                Yo moriré sin hablar,   670
                mas ¿cómo podrá callar
                quien habla solo con ver?
                ¡Ay Flérida! ¿No tuviera
                yo tan venturosa suerte,
                que dándome a mí la muerte   675
                a ti la vida te diera?
                Dichoso mil veces fuera,
                pero mi felice estrella

me ofrece gloria tan bella,
porque es muy cierto, ¡ay de mí!   680
que yo la ocasión perdí,
pues yo me quedé sin ella.
A tu presencia he llegado
y como el alma la vio,
para hablar se me olvidó   685
cuanto tuve imaginado.
En este cuarto ha mandado
su Majestad, que tu Alteza
esté, ¡qué rara belleza!
Ojos, lengua, deteneos,   690
basta la ocasión, deseos,
que hay lealtad donde hay nobleza.

Infanta [Aparte.]   (Disimular me conviene,
sin mirarle le hablaré,
porque de los ojos sé   695
el daño que al alma viene.)
Grande es, y sabe, y tiene
majestad que al Sol admira.
[Aparte.]   (Cobarde el alma suspira.)

Enrico [Aparte.]   (¡Mal mi deseo se entabla!)   700

Infanta [Aparte.]   (¡Ay cielos, aún no me habla!)

Enrico [Aparte.]   (¡Ay cielos, aún no me mira!)

Infanta [Aparte.]   (Quiero apurar el temor,
haciendo a los celos jueces,
que son los ojos a veces,   705
intérpretes del amor.)

Enrico [Aparte.]	Ya va faltando el valor.
Infanta	¿Adónde Teobaldo está?

Enrico [Aparte.]	(Faltó el sufrimento ya.)	
[Aparte.]	Con el Rey quedó. (¡Cruel hado!	710
	Callar pude enamorado,	
	mas celoso, ¿quién podrá?)	
	Eternos años aumente	
	el cielo la sucesión	
	de tan generosa unión.	715
[Aparte.]	(No le pesa.)	
Infanta [Aparte.]	(No lo siente.)	

Enrico	De un siglo a otro siglo cuente,	
	pues el cielo le previene	
	aquesta gloria que tiene	
	por suya Teobaldo. ¡Ay cielos!	720
	No estima quien me da celos.	

Infanta	No ama quien celos no tiene,
	Enrico, Enrico, no des.
[Aparte.]	(Declarándome voy mucho.)
	Parabién...

Enrico	¿Qué es lo que escucho?	725

Infanta	A quien casada no ves.

Enrico	Mas que en tu vida lo estés,
	si no ha de ser con tu gusto.
	¿Qué es esto, tormento injusto?

Infanta	Basta Enrico, bien está, 730
	que con mi gusto será,
	pues sabes que deso gusto.
Enrico	Si del parabién te ofendes,
	yo lo que el mundo publico.
Infanta [Aparte.]	(¡Qué mal me entiendes, Enrico!) 735
Enrico [Aparte.]	(Flérida, ¡qué mal me entiendes!)
Infanta	¿Darme parabién prendes?
	Pesar me fuera mejor.
Enrico	Declárate.
Infanta	Tengo honor.
Enrico	Habla.
Infanta	Prometí secreto. 740
Enrico	¡Mal haya tanto respeto!
Infanta	¡Mal haya tanto valor!

(Vanse.)

(Sale Tosco con luz, y Estela.)

Estela	¿Cerraste la puerta?
Tosco	Sí,
	con dos trancas la cerré.

Estela	Ten cuenta della.	
Tosco	Sí haré.	745
Estela	Y pon esa luz aquí.	
Tosco	Mandasme que della tenga cuenta, a mi cargo lo tomo, el cerrar la puerta, como el crepúsculo no venga.	750
Estela	Antes que venga te irás.	
Tosco [Aparte.]	¿Antes que venga me he de ir? (Él sin duda ha de venir. ¿Qué tengo de saber más?)	
Estela [Aparte.]	(Alerta está el enemigo, el verla, honor, me conviene.)	755
Tosco [Aparte.]	(Yo apostaré que si viene, topa primero conmigo.)	
Estela [Aparte.]	(Entremos en cuenta honor, ¿cómo podré defenderme?)	760
Tosco [Aparte.]	(No es el peor el comerme. El mascarme es lo peor.)	
Estela [Aparte.]	(El poder de un rey es rayo que lo más alto abrasó.)	
Tosco [Aparte.]	(Si aquesto supiera yo,	765

me pusiera el otro sayo...)

Estela [Aparte.]   (La industria y el nombre valga,
                    pues no hay resistencia ya.)

Tosco [Aparte.]   (Que este es el nuevo y saldrá
                    muy manchado cuando salga.)   770

Estela   Direle que he de pagar
                    lo que a mi mismo honor debo.

Tosco [Aparte.]   (Diré, que es el sayo nuevo,
                    que me deje desnudar.)

Estela [Aparte.]   (Si en su apetito se ciega,   775
                    dareme muerte.)

Tosco [Aparte.]   (No hay más,
                    seré un segundo Juan Bras
                    del vientre de la Gallega,
                    pero mejor será ir
                    donde no me halle jamás.)   780

Estela   Pues Tosco, ¿dónde te vas?

Tosco   Tengo un poco que dormir,
                    duerme tú por vida mía.

Estela   Yo no dormiré, ¡ay de mí!,
                    porque me ha de hallar así   785
                    el crepúsculo del día.

Tosco   ¡Pésete quien me parió!
                    ¿Qué es lo que dices, señora,

[Aparte.]	con eso sales ahora? (No en vano le temo yo.)	790
Estela	Soy de mi honor centinela y a no dormirme me obligo, que está cerca el enemigo y importa pasarla en vela.	
(Llaman.)		
Tosco	A la puerta siento ruido.	795
Estela	No abras sin saber a quién.	
Tosco	El crepúsculo es sin duda.	
Estela	Enrico debe de ser.	
(Llaman.)		
Tosco	Otra vez vuelve a llamar.	
Estela	Abre la puerta.	
Tosco [Aparte.]	Voy pues. Pero si este es el ladrón, y me zampa, ¿qué he de her? Porque hoy só Tosco y mañana Dios sabe lo que seré.	800
(Sale Ludovico y el Rey rebozados.)		
Tosco	¡Señora Estela, señora!, él es, y tan descortés,	805

que se ha entrado sin licencia.

Ludovico   ¡Qué atrevido es el poder!
            Ni pone límite al miedo,
            ni guarda al respeto ley.   810
            Aquí está Estela.

Estela   ¡Ay de mí!
            ¿Qué es lo que miro? ¿Quién es
            quien desta suerte se atreve...?
            Hombre, ¿quién eres?

Rey   El Rey.

Estela   ¡Qué mal hice en preguntarlo!,   815
            que si no fueras tú, ¿quién
            tuviera este atrevimiento?

Rey   Óyeme Estela.

Estela   Detén
            el paso y mira que ofendes
            el vasallo más fiel,   820
            el honor más invencible
            y la más constante fe.

Tosco [Aparte.]   Acercándose va a ella,
            él la zampa desta vez,
            antes de haberme comido,   825
            pienso que no huelo bien.
            ¿Por dónde podré escaparme
            mientras la come? Pues yo,
            que en mí por diferenciar
            hará lo mismo después.   830

(Vase.)

Rey   Estela, nunca he querido
con imperios ofender
de tu hermosura el respeto
de quien hago al cielo juez.
Obligarte y persuadirte,   835
siempre mi deseo fue,
más amante con finezas,
que tirano con poder.
De amor es mi atrevimiento,
que más atrevido es   840
un humilde enamorado
que no poderoso un rey.
Y porque veas que soy
pues todo lo vengo a ser,
como señor generoso   845
y como galán cortés,
dispón de todos mis reinos,
que solamente ha de ser
el poder para servirte,
usa generosa dél.   850
El cetro y corona de oro,
que con bello rosicler
ciñe mis dichosas sienes
en el supremo dosel.
Y cuando en campaña armado,   855
envidia del Sol tal vez,
es Marcial cetro un bastón,
rica corona un laurel,
todo a tus pies lo consagro.
Y porque veas también   860
que soy rey y soy amante,

mírame humilde a tus pies.

Ludovico [Aparte.]   (Temiendo estoy y dudando.
¿Quién ha padecido, quién,
mayor tormento de celos,   865
o quién ha llegado a ver
más claramente su engaño?
Hablando, hablando está el Rey,
y está oyéndole, iay de mí!
Amor, no consideréis   870
que es, si queréis que yo viva,
él señor y ella mujer.)

Estela   Señor Vuestra Majestad
mire quién soy y quién es,
pues lo que por sí se debe,   875
me debe por mí también.
No se atreva poderoso,
que si en un vasallo fiel
no hay contra el poder espada,
hay honor contra el poder.   880

Ludovico [Aparte.]   (Dejadme, celos, un rato,
no apretéis tanto el cordel
que en el tormento de amor
confieso que quiero bien.
iQuién supiera lo que dicen!   885
iQué amigos son de saber
los celos! No puedo más.)
iSeñor!

Rey   ¿Qué queréis?

Ludovico   No sé.

	¿Cómo Estela te responde?	
Rey	¿No lo supieras después?	890
	Con desprecio a mis regalos,	
	a mis ruegos con desdén,	
	con rigor a mis amores,	
	con honor a mi poder.	

Rey   ¿No lo supieras después?   890
             Con desprecio a mis regalos,
             a mis ruegos con desdén,
             con rigor a mis amores,
             con honor a mi poder.

Ludovico [Aparte.]   (¡Buenas nuevas te dé Dios!)   895
             ¿Eso responde? ¿Quién cree
             tal rigor... ni tal ventura?
[Aparte.]   Vuelve a hablarla. (Y volveré,
             aunque más desesperado
             a sufrir y padecer.)   900

Rey   Estela.

Estela   Señor advierte
             que soy...

Rey   Estela, mi bien,
             quien me da la muerte y puede
             darme la vida. ¿Por qué
             a un rey desprecias que humilde   905
             te adora?

Estela [Aparte.]   (¡Cielos! ¿Qué haré?
             Porque al más leal vasallo
             ofendes, que tuvo rey.)

Rey   No tiene término amor.

Estela   Ni el honor tiene interés.   910

Ludovico [Aparte.] (¡Qué mal sosiega un celoso!
¡Quién vio encontrados el ver
y el oír en un sujeto!
Y pues que los ojos ven
su agravio supla el oído   915
su pesar con su placer.)
Señor, ¿cómo va?

Rey   Muy mal.

Ludovico [Aparte.] (Mejor dijeras muy bien.)

Rey   Nunca ha sido más ingrata.

Ludovico [Aparte.] (Nunca más hermosa fue.)   920

Rey   Porque no preguntas más
más ingrata y más cruel,
dice que aunque su rey soy,
en honor no hay interés.

Ludovico [Aparte.] (Eso sí, partid oídos   925
con los ojos este bien
y disimulad amor.
¡Hay más constante mujer!)
No la obligues ya con ruegos,
mézclale el decir y hacer,   930
con desprecio en los favores
y enfádate.

Rey [A Ludovico.]   (Dices bien.
Pero en mirando sus ojos,
no sé cómo puede ser.)
Mas, Estela, ya faltó   935

el sufrimiento, porque
un poderoso ofendido,
es ira, si favor fue.
Cierra, Ludovico, luego
esa puerta.

Ludovico [Aparte.]   (Y cerraré   940
los ojos a mis desdichas.)

Estela [Aparte.]   (¡Piadosos cielos! ¿Qué haré?
Si doy voces y despiertan
a Enrico, será poner
en contingencia su vida,   945
venza la industria al poder.)
¡Qué presto, señor, te ofendes
de la esperanza! ¡Qué bien
sufrieras amante firme
las dilaciones de un mes!   950
Presto del honor te ofendes,
todos los hombres queréis
fáciles mujeres antes,
pero Lucrecias después.
Obligarte con honor   955
siempre mi deseo fue,
pero si fácil te obligo
espérame aquí veré
qué gente hay en esta sala
para que tú entres después,   960
adonde mi amor te espera.

(Vase.)

Rey   Aquí espero, porque dé
esta breve dilación

por pensión a tanto bien.
¡Ah Ludovico!

Ludovico   Señor,   965
                 ¿qué hay de nuevo?

Rey   Que llegué,
        vi y vencí, ya Estela hermosa
        se ha declarado.

Ludovico [Aparte.]   (¡Ah cruel!)

Rey   Por no disgustarme fácil,
        todo su desprecio fue.   970
        Pero ya me espera.

Ludovico [Aparte.]   (¡Ay cielos!
        Mas ¿qué me espanto? Es mujer.)

(Golpe dentro.)

Rey   ¿Cerraron la puerta?

Ludovico   Sí.

(Dentro Estela.)

Estela   ¡Eduardo!

Rey   Llegaré
        a ver quién me llama.

Estela   Entra.   975

Rey   Está cerrado.

Estela   Esta es
                             la industria contra la fuerza
                             y el honor contra el poder.

Rey   Vengose de mi porfía,
                             hoy con mis ojos pondré   980
                             fuego al Castillo.

Ludovico [Aparte.]   (Volvió
                             el alma a su propio ser.)
                             Sosiégate.

Rey   ¿Cómo puedo?
                             ¿De qué me sirve ser rey,
                             si hay contra la fuerza industria   985
                             y hay honor contra el poder?

                             Fin de la primera jornada

Jornada segunda

Sale el Rey, Teobaldo, Ludovico y Enrico.

Teobaldo	La esperanza en el amor
	es un dorado veneno,
	puñal de hermosuras lleno,
	que hiere y mata en rigor.
	Es en los dulces engaños 5
	edad de las fantasías,
	donde son las horas días,
	donde son los meses años,
	un martirio del deseo,
	y una imaginada gloria, 10
	verdugo de la memoria.
Rey	Basta, Teobaldo, yo creo
	que es amando la esperanza,
	luz que de noche se ofrece
	que desde lejos parece 15
	que a cada paso se alcanza,
	cuando engañado de vella
	aquel que la va buscando,
	piensa que se va ausentando
	o que se va huyendo ella. 20
Teobaldo	Pues siendo así que el que espera
	muere en el mismo favor,
	como tú sabes mejor.
Rey	¡Pluguiera a Dios no supiera!
Teobaldo	Mira el tiempo que he vivido 25
	del pensamiento engañado,

de mil deseos burlado
y en mi amor desvanecido.
Llamado desta esperanza,
vine, señor, desde Hungría,   30
por ver si la suerte mía
tan grande ventura alcanza.
Tú después me has ofrecido
efetuar el concierto
y de la esperanza muerto,   35
con la esperanza he vivido.
No es bien que más tiempo aguarde
ni de esperar me entretenga,
que bien por presto que venga,
no dejará de ser tarde.   40

Rey   Que yo he tratado, es verdad,
este casamiento justo
y yo te ofrecí mi gusto,
pero no su voluntad.
A la Infanta dije yo   45
mi intención y en ella vi,
ni bien concedido el sí,
ni bien declarado el no.
Desta manera han pasado
muchos días y te dan   50
con favores de galán,
licencias de desposado.
Hoy quiero verla y hablarla
y aunque su obediencia sé,
aconsejarla podré,   55
pero no podré forzarla.

Teobaldo   Pues si tú has de hablarla es vano
el favor que me prometo,

	pues te ha de tener respeto	
	por su rey y por su hermano	60
	y aunque tenga voluntad	
	ha de negártela a ti,	
	que fuera el decirte sí	
	al parecer libertad.	
	Que la hable, te suplico	65
	de mi parte y con tu intento,	
	quien sepa mi pensamiento.	
Rey	Presente está Ludovico	
	y Enrico, en los dos advierte,	
	quien puede hablarla mejor.	70
Teobaldo	Uno de los dos, señor.	
Ludovico	Su Alteza ha venido a verte.	
Rey	Pues quédese ansí y despés	
	se verá mejor.	
Enrico [Aparte.]	(¡Ay cielos!	
	¡Tan adelantados celos!	75
	¡Qué cierto mi daño es!)	

(Sale la Infanta.)

Infanta	Oí decir que no tenía	
	salud vuestra Majestad	
	y vine a verle.	
Rey	Es verdad,	
	una gran melancolía	80
	me aflige.	

Infanta	¡Qué injusta ley!
	¿En qué la pena consiste?
	¿De que un rey puede estar triste?

Rey	¿No es hombre también el Rey?
	¡Ay, hermana, si supieras,	85
	cuando en tus manos me ofrezco,
	templar el mal que padezco,
	qué fácilmente pudieras!

Infanta	¿Pues eso dudas, señor?
	Si importa a tu bien mi vida,	90
	mírala a tus pies rendida.

Rey	Retiraos todos; mejor
	se remedia mi mortal
	pena.

Infanta	Contarla procura,
	que ningún médico cura	95
	sin informarse del mal.

Rey	Ya sabes, Flérida bella,
	que a caza al monte salí,
	el día que, despeñada,
	para todos fue infeliz.	100
	Donde tú hallaste la vida,
	yo la libertad perdí
	y mil veces la perdiera,
	si la rescatara mil.
	Si pretendiera pintarte	105
	lo que en el monte advertí,
	fuera contar las estrellas

en el celestial zafir.
No dieran a su hermosura
varias colores matiz,   110
a tantas orejas tabla,
ni lengua, pincel sutil.
No hubiera en el campo flores,
porque el clavel, su carmín
escureciera en sus labios   115
bello engaste de marfil.
Quien pintar quisiera al viento,
le pintara en el jazmín.
Azucenas de cinco hojas
eran sus manos y al fin   120
vi al alba hermosa, vi al Sol...
Pero, ¿qué mucho si vi,
¡ay hermana!, si vi a Estela,
Condesa de Salveric?
Por deidad de aquellos montes   125
la veneré y la ofrecí
el alma por sacrificio,
que amor hasta hoy es gentil.
Llegué a hablarla, tan turbado,
que yo pude presumir   130
que era mudo y que los ojos
sin duda hablaron por mí.
Pero no los entendió,
que su lenguaje sutil
no le sabe, hermana, hablar,   135
quien no le sabe sentir.
A su padre y a su hermano
cargos y oficios les di
porque a la corte vinieran,
mas poco importa el venir,   140
pues después que en ella vive

mas cruel, sin advertir
en mi poder, me desprecia,
tiranamente feliz.
En su cuarto entré de noche,   145
sin temer, sin advertir,
ni rigor, ni honor, mas fue
mi atrevimiento infeliz.
No tengo lugar de hablarla
y pues hoy ha de venir   150
a verte, dile las penas
que por su causa sentí.
Que yo turbado y rendido,
solo te sabré decir,
que al principio de mi amor   155
estoy de mi vida al fin.

Infanta   Agradecida te escucho
y pues te fías de mí,
aunque ignorante de amor,
en él te quiero servir,   160
dando a tu tristeza causa.
Baja esta tarde al jardín
y escóndete entre la fuente
de Venus, donde el buril
quiso, dando al mármol alma,   165
los pinceles descubrir
y escondido en la belleza
de la pared del jazmín,
al descuido, con Estela,
yo pasaré por allí   170
y la dejaré en la fuente.
Tú entonces podrás salir
y hablarla, que si te oye,
tendrá lástima de ti;

| | porque a lágrimas de amor, | 175 |
| | ¿quién se podrá resistir? | |

Rey

¿Qué divino entendimiento
iguala al tuyo sutil?
Déjame besar tus manos,
tuyo he de ser hoy por ti.   180
Vivo, tú me das la vida.
Quédate Flérida aquí
mientras a la fuente voy,
no demos que presumir
a su hermano si hoy me vengo,   185
poco importa prevenir
la industria contra la fuerza,
también hay industria en mí,
porque contra el honor
no hay poder, industria sí.   190

(Vase.)

Teobaldo

Hoy, Flérida, si pudiera
hacer lengua el corazón,
mejor mi pena dijera,
si ya sus alas no son
a tantos rayos de cera,   195
que si al mismo Sol te igualas
casta Venus, bella Palas,
de esperanza y favor falto,
quien ha de volar tan alto,
forzoso es prevenir alas.   200
En mí un esclavo tenéis,
de quien servida seréis,
si yo os merezco.

Infanta   Mirad,
         que se va su Majestad.

Teobaldo   ¿Y aqueso me respondéis?   205
         Pero no ha sido en mi daño
         el fin de tan dulce engaño,
         tu desprecio no es rigor,
         que ya merece un favor,
         quien alcanza un desengaño.   210

(Vase.)

Infanta [Aparte.]   (Remedio me pide a mí
         mi hermano y yo le doy medio
         a sus desdichas aquí,
         que es muy propio el dar remedio,
         quien no le halla para sí.   215
         Aquí Enrico se ha quedado,
         ¡quién pudiera hablarle, quién
         manifestarle un cuidado
         y revelarle también
         celos que a mi amor ha dado!)   220

Enrico   ¡Qué miro! Ya el Rey se ha ido
         y yo en mis dulces antojos
         he quedado divertido,
         que puesta el alma en los ojos
         son imanes del sentido.   225
         Mal hago en quejarme ansí,
         pues no es razón que se sientan
         mis deseos, ¡ay de mí!
         Mas ellos de mí se ausentan
         y ellos me tienen aquí.   230
         Amor, ¡tanto os atrevéis!,

	desta suerte os venceréis.	
Infanta	Espera Enrico.	
Enrico	Mirad, que se va su Majestad.	
Infanta	¿Y aqueso me respondéis?	235
Enrico	Yo, señora, he respondido lo que...	
Infanta	Ya tengo entendido.	
Enrico [Aparte.]	(No tengo esperanza ya.)	
Infanta	No se va; que ya se ha ido. Y supuesto que llegáis agora a buena ocasión, quiero que me deshagáis, Enrico, una confusión que a todo Palacio dais. Mis damas han reparado, en que sois siempre el primero, que con más firme cuidado os mostráis en el terrero. Mas galán y enamorado siempre divertido os ven y en las acciones mostráis efetos de querer bien y como no os declaráis, desean saber a quién. No se os conocen colores, nunca pretendéis lugar,	240 245 250 255

siempre publicáis rigores,
solo salís a danzar,
a nadie pedís favores.
Todas quisieran que fuera   260
quien el secreto supiera,
bien podéis decirme quién,
que si yo quisiera bien,
desta suerte lo dijera.

Enrico   Al Sol, con vanos antojos   265
y con arrogancia loca,
ofrecí el alma en despojos,
que no negará la boca,
ambicioso de mi bien,
hasta el cielo me atreví.   270
Verdad es que quiero bien,
pero qué fuera de mí
si tú supieras a quién.
No lo diré, que si fuera
posible que el mundo hallara   275
otro yo no lo dijera,
que aun a mí me lo negara,
porque yo no lo supiera.
El que satisfecho adora,
contando su mal mejora,   280
porque algún placer alcanza.
Quien quiere sin esperanza,
presto el desengaño llora.
Si yo te quisiera a ti,
pongo al caso, y lo dijera,   285
¿no te ofendieras de mí
y en aquel punto perdiera
lo que estoy gozando aquí?
Pues no he de buscar mi daño,

sino vivir con mi engaño.   290
Yo he de morir y callar,
porque más quiero esperar
la muerte que un desengaño.
Callando el alma, procura
una gloria tan segura.   295
Pero agora solo siento
mi pequeño atrevimiento,
no mi pequeña ventura.
Pues si yo dijera aquí
esta desdicha importuna,   300
dos culpas hubiera en mí,
el decirlo fuera una
y otra el decírtelo a ti.
Pues cuando supiera ella
tanto querer, tanto amar,   305
siendo tercera tan bella,
pienso que fuera buscar
con todo el Sol una estrella.

Infanta   Mal a estos tiempos conviene
               tanto amoroso rigor,   310
               pues el galán que a ellos viene,
               no solo dice amor,
               pero dice el que no tiene.
               No digo que os declaréis,
               pero que no la neguéis,   315
               si es la dama que sospecho.

Enrico   Yo lo diré, satisfecho
               de que no la nombraréis.

Infanta   ¿Es Belisarda?

Enrico	No es ella,
	ni de sus luces centella.
Infanta	¿Y Celia?
Enrico	Es más su hermosura.
Infanta	¿Es Jacinta por ventura?
Enrico	Es más discreta y más bella.
Infanta	¿Es Flora o Laura?
Enrico	¡Por Dios!,
	no es ninguna de las dos.
Infanta	¿Es Arminda?
Enrico	No os canséis,
	porque no la nombraréis,
	sino es que os nombréis a vós;
	que entonces, aunque sería
	tan grande mi atrevimiento,
	presumo que él se diría
	y no por el sentimiento,
	sino por la cortesía.
Infanta	Yo quiero hacer un favor
	a quien también sabe amar.
	Tomad, Enrico, esta flor,
	con ella habéis de enseñar
	a quien tenéis tanto amor,
	con aquesta seña bella
	vuestro dueño me diréis,

Líneas: 320, 325, 330, 335, 340

porque en quien llegare a vella
es señal que la queréis.

Enrico   Pues vós os quedad con ella,
              que si tanta gloria gano
              y aquesa rosa me obliga   345
              para que mi dueño diga,
              muy bien está en vuestra mano.
              No la quiero, por huir
              la ocasión que viene a vella.
              En vuestra mano ha de ir,   350
              que si ha de volver a ella
              mejor será no salir.
              Porque si yo os la volviera
              después de haberla tomado,
              grande atrevimiento fuera   355
              pues con habérosla dado,
              quien es mi dueño dijera.
              Si tan desdichado soy
              que de aquesto os ofendéis,
              disculpado en todo estoy   360
              pues vós la rosa tenéis,
              que yo mismo no os la doy.

Infanta   Tomad la rosa, por ver
              a quién la vais a ofrecer.

Enrico   Pues no os habéis de ir,   365
              que ya lo quiero decir.

Infanta   Ya no lo quiero saber.

(Vase.)

Enrico   Oye, Flérida, ya es ida.
Ya me determino tarde,
la ocasión perdí y la vida.   370
Mas ¡qué propio es del cobarde
llorar la ocasión perdida!
Si en ventura tan segura
el tiempo y lugar me sobran,
ni los pierdo, ¿qué procura   375
mi amor, si nunca se cobran,
tiempo, lugar y ventura?
¿No estaba, Flérida, aquí?
¿Y ella no me preguntó
a quién adoraba? Sí.   380
¿Pues de qué me quejo,
si yo la ocasión perdí?
Ninguno tan necio ha sido,
que para haberla perdido
la ocasión ha procurado,   385
que para haberla gozado
muchos hay que la han tenido.
Vuelve, Flérida y sabrás
de mi amor las penas fieras;
mas dígolas si te vas,   390
y pienso, que si volvieras
no acertará a decir más.
Mira lo que me has debido,
yo solo amando he callado,
yo solo amando he sufrido,   395
que amar, muchos han amado,
pero pocos han sabido.
Toma tú la rosa bella
que en tus manos está bien,
vuelve a tu cielo esta estrella.   400
Tú eres a quien quiero bien,

pues mi amor digo con ello.
Mas ¿qué es esto?, ¡hay tal locura!
Mis penas la digo, cuando
no las oye a su hermosura.   405
Muera quien no sabe amando
gozar de la coyuntura.

(Sale Tosco villano con capa y calza.)

Tosco   ¿No es Enrico aquel que está
                   hablando consigo? Sí,
                   señor.

Enrico   ¿Cómo entraste aquí?   410

Tosco   Todos estamos acá,
                   por Dios hasta acá me he entrado,
                   a pesar de los porteros,
                   de las bardas y albarderos.

Enrico   ¿Y hasta el jardín has llegado?   415
                   ¿Pues qué tengo de decir,
                   si te ven adónde estás?

Tosco   ¿Pueden obligarme a más
                   de que me vuelva a salir?
                   Pasé por los aposentos   420
                   que estaban todos vestidos,
                   tan galanes, tan pulidos,
                   que el verlos daba contento
                   y de imaginarlo alegra.

Enrico   Salte del jardín, acaba.   425

Tosco	En uno vi un reis que estaba
	habrando con una negra,
	que el que a la puerta está,
	dijo: «Estos tapices son
	la historia del rey Salomón,
	y la reina que se va».

430

Enrico	Sabá y Salomón.

Tosco	No es justo
	tener tal conversación,
	dije, y el reis Salmerón
	tiene muy bellaco gusto.

435

Enrico	¡Hay ignorancia mayor!

Tosco	Mire, estaba el Rey sentado
	y vestida de brocado
	toda la Reina, señor,
	y cuando a mirar me pongo
	un rey de aquella manera,
	le pregunté, que si era
	aquel rey de Monicongo.
	Él dijo: «Rey es también»,
	aunque al revés lo decía,
	del fin del Ave María.

440

445

Enrico	¿Cómo?

Tosco	De Jesús, amén.

Enrico	De Jerusalén dirás.

Tosco	¡Bueno es aqueso, pardiez!

64

	¿Es mucho errarse una vez?	450
	Pero en el jardín vi más.	

Enrico   Vete de aquí.

Tosco   He de decillo
y en diciéndolo me iré,
en una huente miré
una fulana de ovillo.   455

Enrico   Fábula de Ovidio.

Tosco   Sí,
fábula de olvido era,
y pasó desta manera.

Enrico [Aparte.]   (Diviértete amor ansí,
suspende tanto pesar.)   460

Tosco   Yo le dije al hortelano:
«Contadme lo que es, hermano,
que yo os lo quiero pagar.»
Él dijo: «De buena gana
destos dos que miras son   465
la historia del rey Antón,
y de la Diosa doña Ana».

Enrico   La diosa Diana diría,
y el rey Anteón.

Tosco   ¡Pardiez!
¿Es mucho errarse una vez?   470
Eso o esotro sería.

Enrico	El Rey es este.
Tosco	¡Ay de mí!
Enrico	Hoy has de echarme a perder.
Tosco	¿Qué es lo que tengo de her?
Enrico	Escóndete, Tosco, allí 475 y mira que no te vea.
Tosco	Eso de ver o no ver él es el que lo ha de hacer.

(Salen Ludovico y el Rey.)

Ludovico [Aparte.]	(¿Quién hay que tu intento crea?)
Rey	Alguna esperanza gano. 480 ¿Enrico?
Enrico	A tus pies estoy.
Rey [Aparte.]	(¡Que a ninguna parte voy, donde no tope este hermano!)
Ludovico	¿Qué harás?
Rey	Echarle de aquí.
Ludovico	Será darle más sospechas. 485
Rey	Causa habrá.

Ludovico	¡Bien te aprovechas de la lición que te di!
Rey	Enrico, mucho me he holgado de hallarte agora.
Enrico	Señor, ¿en qué te sirvo?
Rey	Mi amor 490 parece que te ha llamado.
Enrico [Aparte.]	El mío me trajo aquí. (Bien digo, amor me obligó.)
Rey [Aparte.]	(Bien digo, amor te llamó para apartarte de mí.) 495
Enrico	¿Qué me mandas?
Rey	Hoy confío de tu cordura un secreto y de mi gusto el efecto, de tu entendimiento fío. Teobaldo y la Infanta agora, 500 la ocasión has de notar.
Enrico	¿En fin, él se ha de casar con la Reina mi señora?
Rey	Tratado está el casamiento y no efectuado en rigor. 505
Enrico	¿Y será cierto, señor,

                    el fin de tan justo intento?

Rey   Yo tuviera gusto en esto
                    y pienso que le tendrá.

Enrico   Sí, ¿mas sabes si se hará   510
                    el casamiento tan presto?

Rey   Si me dejases decir,
                    el preguntar te excusara.

Enrico   Yo también, señor, callara,
                    si me dejaras sentir.   515

Rey   Por quitarte la ocasión
                    de tantas preguntas fieras,
                    quise, Enrico, que supieras
                    de la Infanta la intención.
                    Ve a hablarla y dila el intento, 520
                    que para aquesto me obliga,
                    que su voluntad te diga,
                    su gusto y su pensamiento,
                    que solo su gusto sigo
                    en lo que quiero intentar   525
                    y que si se ha de casar,
                    que me responda, contigo.
                    Tú con aquesto sabrás
                    el fin de lo que procuro
                    y yo estaré más seguro   530
                    que no lo preguntarás.

Enrico   Bien el intento has fiado,
                    señor, de mi amor fiel,
                    porque ninguno más que él

el saberlo ha deseado.   535
Y ansí de la lealtad mía
solo se puede fiar,
que era solo preguntar
lo mismo que yo sabía;
y como al alma le toca,   540
como tan propio tu gusto,
por no preguntarlo, es justo
que lo sepa de su boca.
Yo iré a saberlo y me obligo
ser feliz, si al preguntar   545
si se pretende casar,
te respondiere conmigo.

(Vase.)

Rey   ¿Fuese ya?

Ludovico   Sí, ya se ha ido.
               Bien le supiste engañar.

Rey   Vete, que aquí he de esperar   550
               en esta fuente escondido.

Ludovico   Mira...

Rey   Ya mi gusto es ley
               y no hay temor que me asombre.
               Mas ¡qué miro! ¿No es un hombre?

Tosco [Aparte.]   (Mírame de zaino el Rey.)   555

Rey   ¿Quién eres?

Tosco	Tosco, señor.
Rey	¿Y el nombre?
Tosco	Tosco.
Rey	¿Qué quieres?
Tosco	Quiero lo que tú quisieres.
Rey	¡Traidor!
Tosco	Só Tosco traidor.
Rey	¿Qué haces?

Tosco [Aparte.]   (¡Muerto só! ¡Ay de mí!)   560
Irme, que a esto he venido.

Rey   ¿Y por qué te has escondido?
¿Cómo aquí entraste?

Tosco   Hoy vi
el palacio y engañado
de los ojos he venido   565
hasta aquí, y me he escondido,
porque mi amo me ha mandado
que me escondiera de ti
y fue porque no me vieras
con aquestas pedorretas.   570

Rey   ¿Quién es tu amo?

Tosco [Aparte.]   (¡Ay de mí!

¡Solo en verle me desmayo!)
Enrico, que allá, señor,
era Tosco labrador,
y acá só Tosco lacayo.   575
¿No me ve que no me tapa
esta capa la calcilla?
Si otro es capa de capilla,
esta es capilla de capa.
Y siempre tan cortés hue   580
que a ninguna se igualó,
pues aunque me siente yo,
ella se me queda en pie.

Rey   ¿De Enrico eres?

Tosco   Lo seré,
si no te disgustas desto.   585

Rey   ¿Dónde está Estela?

Tosco   Muy presto
con la respuesta vendré.

Rey   No te has de ir sin que me digas
en que está agora ocupada.

Tosco   Diré lo sin faltar nada,   590
que eres rey y a mucho obrigas.
Estela es coja y mulata,
aunque tan branca la ves,
zurda y tuerta, porque es
el ojo izquierdo de prata.   595
Seis dedos en una mano
tiene y con tormento eterno,

sabañones el invierno
y suda mucho el verano.
Una sarna la acompaña,   600
tanto, que nunca la deja,
y aunque aquesta es tacha vieja,
tiene una potra tamaña.
Los dientes, aunque esto pasa,
señor, como cosa poca,   605
son vecinos de su boca,
que se mudan a otra casa.
Estar trópica no es nada,
teniendo tan gran barriga,
que no hay nadie que no diga: 610
«Doña Estela está preñada».
Levanta una costilla
hacia la mano derecha,
aunque poco le aprovecha
ponerse una almohadilla,   615
con que llevará una cruz,
pues queda sin cabellera
que parece la mollera
el huevo de un avestruz.
Y cuando por su trabajo   620
el moño se está poniendo,
pienso que le está diciendo
el cabello que está abajo:
«Tú que me miras a mí
mártir de rizado aseo,   625
no te caigas, tente en ti,
que cual tú te ves me vi,
veraste como me veo».
Y con esto, si me das
licencia, me quiero ir,   630
que yo volveré a decir

cuatrocientas cosas más.

Rey   Vete, que ya el alba hermosa,
entre azucenas y lirios,
baja a dar vida a las flores   635
coronada de jacintos.
Diosa de amor, Venus bella,
si con mis quejas te obligo,
por amante me socorre,
ayúdame por rendido,   640
escóndeme entre tus jaspes
y acuérdate cuando hizo
trofeos a tu hermosura,
bello Adonis, Marte altivo.

(Escóndese el Rey entre los ramos.)

(Sale la Infanta y Estela.)

Infanta   ¿Qué te parece el jardín?   645

Estela   Que adelantarse en él quiso
el arte a lo natural,
a lo propio el artificio.
¡Qué hermosamente se ofrece
a la vista un laberinto   650
de rosas, donde confuso
vario se pierde el sentido!
¡Qué bien cruzan en las flores
los arroyos cristalinos,
que a las galas del abril   655
son guarniciones de vidrio!
Cuando de las fuentes bajan
hacen verdes pasadizos

de los cuadros, siendo espejo
de esmeraldas guarnecidos.   660
A Diana en esta fuente
me parece que la miro,
bañándose en los cristales
de su perfección testigos.
Y cuando inquietas las ondas   665
de su movimiento miro,
imaginándola viva,
que ella las mueve imagino.
Tan vivo el mármol parece
que si ya no se ha movido,   670
pienso que es porque en las ondas
se está contemplando él mismo.

Infanta   No es la mejor esta fuente,
                 aunque el cincel peregrino
                 se esmeró en su perfección.   675

Estela   Como nunca la había visto...

Infanta   Vesme tan de tarde en tarde...

Estela   Que disculpes te suplico,
                 esta culpa, si la tengo.

Infanta   Ven poco a poco conmigo   680
                 hacia la fuente de Venus.

Estela   Los ojos tan divertidos
                 están en la variedad
                 de la belleza que admiro,
                 que en cada cuadro quisiera   685
                 entretenerme. El ruido

desta fuente me llevó
el alma tras el oído.

Infanta   Parece melancolía.

Estela   Triste estoy.

Infanta   Ese es indicio   690
de amor. ¿Quieres bien, Estela?
Bien puedes hablar conmigo.

Estela   Dijéralo a ser verdad,
mas ni quiero, ni he querido
bien en mi vida.

Infanta   ¡Ay Estela!   695
¡Tan neciamente has vivido!
Ven a la fuente de Venus,
quizá viendo su artificio,
te obligará a querer bien
un Adonis escondido.   700

Rey [Aparte.]   (Ya Estela llega la fuente
y yo trabado imagino
varias máquinas, mas luego
unas con otras olvido.)

(Sale Enrico y dice.)

Enrico [Aparte.] (Si mis labios, si mis ojos,   705
con lágrimas y suspiros
no doblan la esfera al viento
y no hacen mares los ríos,
poco sentimiento tengo,

poco mi mal significo.   710
Mas mi sentimiento es tanto,
que me deja sin sentido.
¡Ay, Flérida! ¿Yo he de ser
quien oiga de ti, yo mismo,
la sentencia de tu boca?   715
¿Cuándo en el mundo se ha visto
al inocente culpado
dar sentencia sin delito?
Mas es por darme en tu boca
disimulado el castigo.)   720
Buscando te vengo.

Rey [Aparte.]   ¡Ay cielos!
Al paso le salió Enrico.
Con lo que pensé ausentarle
es la causa con que vino.

Enrico   Escucha.

Infanta [Aparte.]   (¡Ay de mí! ¿Si acaso   725
este mi amor ha entendido
y se declarase agora
estando el Rey escondido?)

Enrico   Si no te han dicho mis ojos,
Flérida, si no te han dicho   730
mi turbación lo que veo...

Infanta [Aparte.]   (Él se declara conmigo.)

Enrico   Escúchame atento un rato.
El Rey...

Estela [Aparte.]	(¡Ay cielo divino!
	Por el Rey turbado empieza. 735
	¿Qué puede haber sucedido?)
Enrico	El Rey trata de casarte
	y por honrarme a mí, quiso,
[Aparte.]	(o por matarme), que yo
	te diese el dichoso aviso. 740
	Díjome que yo supiese
[Aparte.]	de ti tu gusto. (Que impío
	el cielo quiere que sea
	de mis desdichas testigo.)
Infanta [Aparte.]	(Él se declara, ¿qué haré? 745
	Si donde está el Rey le digo,
	será darle más sospechas
	y es fuerza atajarle.) Enrico,
	si el Rey pretende casarme...
Enrico	Óyeme.
Infanta	Ya te entendido. 750
	Dirasle al Rey que no tengo
	más gusto que su albedrío.
Enrico	¿Eso respondes? ¡Ay cielos!
	¡Cómo no pierdo el sentido!
	¿Y sabes ya que es Teobaldo 755
	el que te dan por marido?
Infanta	Ya lo sé.
Enrico	Pues ya, señora,
	del Rey el recado he dicho

	y soy otro del que era,	
	escucha un recado mío.	760
	Esta flor...	

Infanta [Aparte.]   (El Rey lo escucha,
¿qué he de hacer?)
                              Vente conmigo,
Enrico, si hablarme quieres.

Enrico   Pues, Estela, yo te pido,   765
por ser negocio que importa,
te quedes aquí.

Estela   En el rico
adorno de aquesta fuente,
que con bellos artificios
de cristal riega las rosas   770
de esmeraldas guarnecidas,
me hallarás entretenida.

Rey [Aparte.]   (Ninguna cosa he entendido,
sino rey y casamiento,
que la está hablando imagino   775
en lo que yo le mandé.
Mas ya con discreto aviso
se va apartando la Infanta
llevándole divertido,
y deja a Estela. ¡Qué ingenio   780
iguala al suyo divino!)

Infanta   Aquí me puedes hablar
que estamos solos.

Enrico   Pues digo

que esta flor, a quien abril
dio color, aunque marchito 785
con el fuego de mis ojos
y el llanto de mis suspiros,
es tuya y será razón,
que prenda que tuya ha sido
solamente la merezca 790
quien es de tu mano digno.
Dala a Teobaldo, que yo
no soy tan desvanecido
que me juzgue digno della.
Y pues de tu boca he oído 795
que quieres casarte, toma
la flor, en cuyos hechizos
el alma bebió el veneno
que ha de quitarme el juicio.

Infanta   Esta flor te di, es verdad, 800
por señas de que ella ha sido
quien claramente mi agravio
y tu atrevimiento ha dicho.
¿No te dije que la dieras
a aquella en cuyo servicio 805
te mostrabas tan amante?
Pues ¿cómo te has atrevido
a dármela a mí, si della
tu atrevimiento adivino?
Si había de verla en tu dama, 810
¿cómo en mis manos la miro?
¡Qué buena ocasión te ha dado
el casamiento fingido
para volvérmela!

Enrico   Mira,

	señora, que nada finjo.	815
Infanta	¿Tú me dices que me quieres?	
Enrico	Yo, Flérida, no lo digo.	
	Pero si ansí lo entendiste,	
	señora, lo dicho dicho.	
(Vanse.)		
Rey [Aparte.]	(Ya se perdieron de vista.	820
	¡Oh qué bien la Infanta hizo	
	en apartarle de aquí!)	
Estela	Sobre molduras y frisos	
	hermosas basas se asientan	
	de mármol y jaspes lisos.	825
[Aparte.]	(Allí entre aquellos laureles	
	parece que hacen ruido	
	y es el Rey, que por las redes	
	de los jazmines le he visto.	
	Disimular me conviene	830
	y pues me escucha ofendido,	
	direle mi sentimiento,	
	como que a Venus le digo.)	
	Hermosa madre de amor,	
	que aun entre mármoles fríos	835
	gozas de Adonis los brazos,	
	con tantos nudos lascivos.	
	Dile, que ese niño Dios,	
	si te obedece por hijo,	
	que yo sola, a su pesar,	840
	de sus engaños me libro.	
	Porque si fuera posible,	

que me quisiera el Rey mismo,
si el Rey quisiera intentar
cosa contra el honor mío,   845
que no es posible que ofenda
al honor más claro y limpio.
Al mismo Rey le dijera,
que en más que su Reino estimo,
y más que el mundo, mi honor.   850

(Sale el Rey.)

Rey [Aparte.]   (Parece que habla conmigo,
                     ya no parece la Infanta.)
                     Si a un mármol helado y frío
                     cuentas tus males, escucha
                     pues eres mármol, los míos.   855
                     Escucha, Estela, mis quejas,
                     no diga el amor que has sido
                     tú conmigo más ingrata,
                     que lo es un mármol contigo.
                     ¿No tienen amor las flores?   860
                     ¿No es este cárdeno lirio
                     el que en las selvas de Arcadia
                     fue enamorado Jacinto?
                     ¿No es eclipse esta flor del Sol,
                     y este ciprés Cipariso?   865
                     ¿No es Adonis esta planta,
                     y este narciso, Narciso?
                     Pues si en la tierra las flores,
                     si los peces en los ríos
                     aman, ¿para qué te precias   870
                     de libre con pecho altivo?
                     Mira que es en el soberbio
                     siempre mayor el castigo.

Estela	Porque de mí no se queje,
	ni culpe el intento mío, 875
	Vuestra Majestad, señor,
	que me escuche le suplico.
Rey	Si es culparme ya bastan tus enojos.
	No culpes tú mi amor, culpa tus ojos,
	ellos la causa han sido, 880
	solo por adorallos me he perdido.
Estela	Si Vuestra Majestad verme quería,
	¿por qué más descubierto no venía?
	No se encubriera, si mi amor buscara,
	que nunca el que hizo bien huye la cara, 885
	que ningún bien ha habido,
	que no guste de ser agradecido.
Rey [Aparte.]	Tu gusto solo es, (¡qué blanca mano!),
	Estela, el que deseo.
Estela	Suelta la mano.
Rey	Si en mis labios veo 890
	su nieve hermosa y bella.
Estela	Suelta.
Rey	Tápame con ella
	la boca y callaré.

(Sale Enrico.)

Enrico	Fuese ofendida,

Flérida bella y yo quedé sin vida.
Y si alguna tuviera,   895
pienso que en este instante la perdiera.
¿Qué es lo que miro? ¡Cielos!
¿Si en los celos de amor da el honor celos?
Pero erraron los labios,
que estos ya no son celos, sino agravios.   900

Estela   Suelta, suelta la mano,
                que viene, ¡ay de mí triste!, allí mi hermano.

Rey   Mal mi pena resisto.

Enrico [Aparte.] (¡Oh quién no hubiera visto
                su agravio! Mas si es grave   905
                infamia en el honor, ¿quién no la sabe?
                pues tan injustamente
                culpa el mundo también al inocente.
                ¡Tirana ley!, doblada infamia hallara,
                si, mirando mi agravio, me tornara.)   910

Estela   Tu Majestad se esconda.

Rey   Yo no puedo,
                amor pudo esconderme, mas no el miedo.

Estela   Escóndete por mí.

Rey   Solo pudiera.
                ese ruego alcanzar que me escondiera.

(Escóndese.)

Enrico [Aparte.] (El Rey se ha retirado,   915

83

confesose culpado,
ya que de la razón la fuerza hallo,
pues teme el Rey a tan leal vasallo.
¿Que el Rey, que el Rey ha sido?
Otro no fuera. Pero ¿soy marido?   920
Sí, que no está casada,
corte la lengua donde no la espada.)
Hermana, ¿qué miras en estas fuentes,
con tantos artificios diferentes,
mármores y figuras?   925

Estela   Estaba contemplando sus pinturas.

Enrico   Es propio de los Reyes
                  estas grandezas tales.
                  Bultos hay que parecen naturales,
                  uno vi, que quisiera...   930
[Aparte.]   Mas no quisiera nada. (¡Mal resisto!)
                  Yo pienso, hermana, que el mejor no has visto,
                  llega y verasle.

Estela [Aparte.]   (¡Ay cielos! Él se atreve
                  a descubrir al Rey y él no se mueve.)

Enrico   Este es del Rey tan natural retrato   935
                  que siempre que su imagen considero,
                  llego a verle quitándome el sombrero
                  con la rodilla en tierra.
                  Y si el Rey me ofendiera,
                  de suerte que en la honra me tocara,   940
                  viniera a este retrato y me quejara
                  y entonces le dijera,
                  que tan cristianos reyes,
                  no han de romper el límite a las leyes,

	que miraste que tiene sus Estados,	945
	quizá por mis mayores conservados,	
	con tu sangre adquiridos,	
	también ganados, como defendidos.	
Rey	¡Qué arrogante y soberbio atrevimiento!	
	Ya a mi cólera falta sufrimiento.	950

(Sale Teobaldo y Ludovico.)

| Teobaldo | Aquí está el Rey. | |

| Ludovico [Aparte.] | (¡Ay cielos! | |
| | Vengo a morir donde me matan celos.) | |

| Enrico | Aqueste atrevimiento tuyo ha sido. | |

| Rey | Fuiste desvergonzado y atrevido. | |

(Dale un bofetón.)

Enrico	Ofenderme pudiste, no afrentarme	955
	y pues en ti no puedo,	
	que eres mi rey, vengarme,	
	satisfaré mi ofensa en los testigos.	

| Teobaldo | Todos somos, Enrico, tus amigos. | |

(Saca la espada y hiere a Teobaldo.)

| | ¡Oye Enrico! ¡Ay de mí triste! | 960 |

| Enrico | ¡Muere, infeliz, pues mi desdicha viste! | |

Rey	¿Tú para mí la espada?

Enrico

Rendida está a tus plantas y arrojada,
no quiera el cielo que en tu ofensa sea,
ni que infame se vea   965
con tu sangre manchada.
Si ofenderme pudieras,
mi agravio hubiera sido
solamente el haberme defendido.
Un rayo he sido de arrogancia lleno,   970
que en mi rostro causó tu mano el trueno
y respondiendo el fuego de mi pecho,
le dejé en otra muerte satisfecho.
Un arcabuz, cuando la llama toca,
el fuego le responde por la boca.   975
Diste a mi rostro el fuego
y rebentó por los sentidos luego.
No puede, aunque bárbaro, inhumano
detuviese la mano.
Mas ya que tales mis desdichas fueron,   980
pude hacer atrevido
que no las digan ya los que las vieron,
que si la sangre lava
esta desdicha brava,
eres mi rey, no puede con la tuya,   985
y fue fuerza lavarla con la suya.
No puedes afrentarme y esto ha sido,
señor, haberme dado
más honor. Que si haberle defendido,
a ejecución tan bárbara obligado,   990
ninguno mi desdicha habrá sabido
que no sepa primero por qué ha sido
y que aquesto me obliga a ser honrado.

(Sale el Conde.)

Conde   ¿Quién a Teobaldo hirió, señor? ¿Qué es esto?
                            ¿Pues Vuestra Majestad tan descompuesto,   995
                            con la mano en la espada
                            y la de Enrico, ¡ay cielos!,
                            toda ensangrentada?

Rey   Enrico hirió a Teobaldo.
                            Sustanciad el delito y castigadlo.   1000

(Vase.)

Conde   Pues Enrico, ¿qué es esto?

Enrico   Es la desdicha en que el honor me ha puesto.

Conde   Yo, Enrico, he de prenderte.

Enrico   Piadoso juez serás en darme muerte.

Conde   No he de saber qué ha sido ni ha pasado,   1005
                            que no quiero escucharte apasionado.
                            Ven preso.

Enrico   Ya lo estoy.

Conde   Y yo estoy loco.

Enrico   Contra el poder, honor importa poco.

                       Fin de la segunda jornada

Jornada tercera

Salen Ludovico, Enrico y Tosco villano.

Ludovico	El obedecer es ley,	
	por su mandado he venido.	
Enrico	¡Gracias al cielo que ha sido	
	en algo piadoso el Rey!	
Ludovico	Mandome que yo asistiese	5
	y no sé con qué ocasión,	
	a vuestra injusta prisión,	
	y que vuestro alcaide fuese.	
	Sabe Dios si me ha pesado	
	de daros este pesar.	10
	Mas no me puedo excusar.	
	Su Majestad ha mandado,	
	que mientras estéis ansí,	
	ninguna persona os vea,	
	que solo un criado sea	15
	quien os acompañe aquí,	
	y que este no salga fuera.	
	Sino que, juntos los dos,	
	tan preso esté como vós.	
Tosco	Preguntar, señor, quisiera,	20
	¿qué delito cometí,	
	para que su Jamestá	
	con tanta regulidá	
	se acuerda también de mí?	
	¿Para qué me quiere preso?	25
	A ser mi hermana muy bella	
	yo sirviera al Rey con ella,	

sin enojarme por eso.
Si Enrico se descubrió,
estando escondido allí,   30
también me descubrió a mí
y no tomé enojo yo.

Ludovico   Pues no es bien que desa suerte,
vós mismo os quitéis la vida.

Enrico   Ella fuera bien perdida   35
y bien hallada mi muerte,
cuando a este punto viniera,
que el temor no me acobarda.
Pero presumo que tarda,
por no serme lisonjera.   40

Ludovico   El juez más riguroso,
que habéis, Enrico, tenido,
es vuestro padre.

Enrico   Y ha sido
en eso padre piadoso.

Ludovico   Ya Teobaldo de la herida   45
convaleció y ha quedado
con salud.

Enrico   Hubiera dado,
en albricias de su vida,
la que no tengo.

Ludovico   Con esto
y con que mañana ha de ir   50
Estela misma a pedir

	vuestra vida al Rey, supuesto	
	que sin riesgo alguno está,	
	será fácil el perdón.	
	¿De qué los extremos son?	55

Enrico
Faltó el sufrimiento ya.
¿A pedir mi vida ha de ir,
Estela, al Rey sin mirar
lo que se obliga a pagar,
quien facilita el pedir?   60
¡Ay Ludovico! ¡Ay amigo!
¡Quién estorbarla pudiera,
que ni le hablara, ni viera!

Ludovico
Si hay remedio, yo me obligo
ayudar tan justo intento.   65

Enrico
¿Qué remedio puede haber,
si no es...? Mas no puede ser.

Ludovico
¿Por qué? Yo también lo siento.
Pedid: ¿qué queréis que os doy
palabra de hacer aquí   70
cuanto quisiereis de mí?

Enrico
Pues que tan dichoso soy,
que aquese consuelo gana
la pena mía; tomad
aquesta llave y entrad   75
en el cuarto de mi hermana,
ella os abrirá la puerta.
Y mirad, que de vós fío
no menos que el honor mío,
con esperanza muy cierta   80

de que miraréis por él
y decid que no le pida
mi vida al Rey, que mi vida
será muerte más cruel,
si ella a pedirla ha de ir,   85
que no sé cómo ha de hallar
dificultad para dar
quien facilita el pedir.
No os cause injusto temor
el de mi seguridad,   90
fiad, pues, la libertad,
de quien os fía el honor.
Pues no es mucho, cuando pasa
doblada la obligación,
que vós abráis la prisión,   95
a quien os abre la casa.
¿De qué os habéis suspendido?
¿En qué estáis imaginando?
Sin duda que estáis pensando,
que es mucho lo que he pedido,   100
pues no lo hagáis y no estéis
triste.

Tosco   Mientras Ludovico
piensa y repiensa, os suplico,
señor, que a mí me escuchéis.
Si con tan necia porfía,   105
te cansa tu vida a ti,
déjame vivir a mí,
que aún no me cansa la mía.
Si ya tu vida perdida,
no quieres que medio haya,   110
déjala a Estela que vaya
a pedir al Rey mi vida.

Diga Estela al Rey que yo
só Tosco de buena ley.
Si tú descubriste al Rey,   115
él a mí me descubrió.
Que esto por aquello sea
y estemos en paz.

Ludovico [Aparte.]   (¡Hay cosa
en amar más venturosa!
¿Quién hay que mis dichas crea?   120
Hoy no solamente gano
la ocasión que he pretendido.
Pero tan dichoso he sido,
que me la ofrece su hermano.
Y en tanta gloria me veo,   125
cuando él me llega a rogar,
que la tengo de obligar
con lo mismo que deseo.)
Enrico, lo que he pensado,
no es haberos ofendido,   130
que ni mi daño he temido,
ni vuestro honor he dudado.
Yo iré, porque no penséis,
que fue temor o dudar,
las guardas he de quitar.   135

Enrico   Con eso me las ponéis,
que la confianza es
prisión del alma.

Ludovico   Las puertas
todas se quedan abiertas.

Enrico   Tomad esa llave, pues,   140

	y decid que si rendida	
	a pedir mi vida ha de ir,	
	porque no haya que pedir,	
	yo me quitaré la vida.	
Ludovico	Yo le diré que el honor	145
	más que la vida estimáis.	
Enrico	Vos pienso que me le dais.	

(Vase Ludovico.)

Tosco	Ya se fue. Solos estamos	
	y de par en par las puertas,	
	sin guardas están y abiertas.	150
Enrico	Pues ¿qué quieres?	
Tosco	Que nos vamos.	
Enrico	¡Viven los cielos, villano,	
	bajo, vil, que si no fuera	
	afrenta mía, te diera	
	hoy la muerte con mi mano!	155
	¿Yo ofender, siendo testigo	
	el mundo, tanto valor,	
	la confianza al honor	
	y la lealtad a un amigo?	
	¿Ese consuelo me ofreces?	160
	¿Aqueso me has de decir?	
Tosco	Sí, señor, porque el morir,	
	no es burla para dos veces.	

(Sale la Infanta, con hábito de hombre, de noche.)

Infanta	Pasos de un amor cobarde	
	y de un ánimo valiente,	165
	sin luz guiados. ¿Adónde	
	me llevas de aquesta suerte?	
	¿Ansí imposibles se allanan?	
	¿Ansí respetos se pierden?	
	¿Ansí honras se atropellan	170
	y obligaciones se vencen?	
	Mas ¡ay, que el amor vencido,	
	tan ajeno de sí viene,	
	a dar a un cuerpo dos vidas,	
	que una es suya y otra debe!	175
	¡Sin guardas están las puertas	
	y abiertas todas! ¿Qué puede	
	haber sucedido? Aquí	
	hay luz y con ella gente.	
	Quiero llegar. ¿Es Enrico?	180
Enrico	Helo sido, que el que muere	
	ya no es, porque la vida	
	no es vida cuando es tan breve.	
Infanta	Enrico.	
Tosco [Aparte.]	(No habla conmigo,	
	porque Enrico solamente	185
	ha dicho: ¡Plegue a los cielos	
	que nunca de mí se acuerde!)	
Infanta	Lo primero que has de hacer	
	es que no has de responderme,	
	ni preguntarme mi nombre.	190

Tosco [Aparte.]   (Castillo encantado es este.)

Infanta   Si esta palabra me das,
                      diré a lo que vengo.

Enrico   Excede
                      mi confusión a mi espanto.
                      Pues ¿qué puede haber que intentes   195
                      callando el nombre y guardando
                      el rostro? Si acaso vienes
                      a darme muerte y te encubres
                      por blasonar de clemente,
                      palabra te doy aquí   200
                      de no querer conocerte,
                      aunque me importe la vida.

Tosco [Aparte.]   (¡Por San Pito, que parecen
                      aventuras, que en los montes
                      a los andantes suceden!   205
                      Mas no va hasta aquí muy malo,
                      pues no hay quien de mí se acuerde.)

Infanta   Ya, Enrico, que del valor
                      estoy satisfecho, advierte
                      de una amistad el ejemplo   210
                      en el peligro más fuerte.
                      Toma dineros y joyas,
                      bastante para ponerte
                      en el reino más extraño,
                      que ve el Sol desde el Oriente.   215
                      A la puerta del castillo
                      está un caballo que excede
                      al viento en la ligereza

y el temor hará que vuele.
Sin guardas están las puertas   220
y cuando muchas tuviese,
no temas, que al son del oro
las más vigilantes duermen.
Vete, pues y quiera el cielo,
que algún día más alegre,   225
pues debo lo que te pago,
me pagues lo que me debes.

Tosco [Aparte.]   (¡Vive Cristo, que el mancebo
el tiple a la voz suspende
sin acordarse de mí!   230
Yo apostaré que no tiene
ni un borrico para Tosco.
Ya Enrico del sueño vuelve,
veamos qué le responde.
Mas, ¿qué dice que no quiere?)   235

Enrico   Si supiera a qué venías,
no ofreciera neciamente
la palabra, porque solo
deseo saber quién eres,
que arguye poca nobleza   240
y casi infame procede,
quien satisfecho no obliga
y obligado no agradece.
¿Cuándo en el mundo se vea
encubrirse? Quien ofende   245
se encubre, quien hace bien,
casi imposible parece.
Pero respondiendo agora,
perdóname, si se atreve
mi respeto a tu amistad,   250

porque es forzoso ofenderte.
Con seguras confianzas
preso un amigo me tiene,
que la libertad del alma
son las prisiones más fuertes.   255
No puedo romper la fe
y aun es bien, que consideres,
que no puede ser traidor
quien tiene amigos tan fieles.
Él la libertad me fía,   260
tú la libertad me ofreces
y acudir al mayor daño
es menor inconveniente.
Vete y déjame rendido
en las manos de la muerte,   265
que ya me sobran los males,
cuando no aceto los bienes.
Pero si noble y piadoso
darme la vida pretendes,
con más lícitos favores   270
y con medios más decentes,
busca a Teobaldo y dirasle
que noble y piadosamente
le pida mi vida al Rey,
que mire, que considere,   275
que fue error quien me obligó,
regido el brazo dos veces
del agravio y de los celos.
Que si este rigor suspendes,
harás, que el tiempo te alabe,   280
que la fama te celebre,
que la memoria retenga
y el olvido te respete.

Tosco [Aparte.]	(¿No lo dije yo? ¡Que haya
	hombre tan impertinente, 285
	que no tan sola la vida,
	pero que el oro desprecie!)
Infanta	Enrico, si tú supieras
	lo que a pedirme te atreves,
	sospecho, que te pesara. 290
	Mas la que tan noble quieres
	corresponder al honor,
	pues sabes lo que me debes,
	una palabra has de darme.
Enrico	Ya mi discurso previene 295
	imposibles y el mayor
	llano y fácil me parece.
	¿Pero qué puedes pedir
	a un hombre que apenas tiene
	vida?
Tosco [Aparte.]	(¿Y a un hombre que está 300
	sin tabardillo a la muerte?)
Infanta	Que si acaso te perdona
	el Rey y libre te vieres,
	no has de serme nunca ingrato.
Enrico	Más que me obligas, me ofendes. 305
Infanta	¿Esa palabra me das
	con la mano?
Enrico	Y si rompiere
	la fe que te juro, el cielo

me falte, mas tú...

Infanta   ¿Qué sientes?

Enrico   No sé, no sé qué blandura,   310
                qué suavidad diferente
                de la mía está en tu mano,
                con que los sentidos mueve,
                pues siendo de fuego el tacto,
                ¡es a la vista de nieve!   315
                Tu presencia me enamora,
                tus razones me suspenden,
                tu entendimiento me alegra
                y me regocija el verte,
                sino temiera enojarte,   320
                dijera, que era...

Infanta   ¡Detente!
                ¿Conócesme ya?

Enrico   Sí y no.
                Que no sé qué responderte.

Infanta   Enrico, Flérida soy,
                que ahora vengo a ofrecerte   325
                el fruto de aquella flor,
                siempre en mi esperanza alegre.
                No te espantes deste extremo,
                que si un amor se resuelve,
                no hay respeto que no venza,   330
                temores que no atropelle.
                Mira lo que quieres más,
                o que a Teobaldo le ruegue,
                que pida tu vida al Rey.

Enrico	Cuanto antes que te viese	335
	no conocerte sentía,	
	siento ahora el conocerte.	
	Ya no paga mi lealtad	
	la que a Ludovico debe,	
	sino la que debe al Rey,	340
	siempre leal, noble siempre.	
	Si al servir al Rey mi hermana	
	en tal peligro me tiene,	
	¿con qué razones pudiera	
	a la del Rey atreverme?	345
	¡Bueno fuera que quisiera	
	tan en mi favor las leyes,	
	que las observase el Rey	
	para que yo las rompiese!	
	Vete Flérida y el cielo	350
	tanto tus gustos aumente,	
	que pensiones de tu justo	
	sean mayores placeres.	
	Teobaldo te goce, ¡ay cielos!,	
	pues él solo te merece,	355
	cuando envidioso en tus brazos	
	con mil regalos alegres,	
	como marido te estime,	
	como galante requiebre,	
	que yo envidioso y contento	360
	mientras espero mi muerte,	
	solamente lloraré	
	hallarte para perderte.	
Infanta	No te arrepientas después,	
	mira Enrico, que no vuelve	365
	la ocasión a quien la deja,	

ni la halla quien la pierde.
Quien desprecia enamorado
es que no estima o no quiere,
no hagas del favor desprecio,   370
mira que me voy.

Enrico   Pues vete.

Infanta   Enrico, adiós.

Enrico   Él te guarde.

Tosco   ¡Ah señor, que no hay, advierte
              dos infantas, ni dos vidas!

Infanta   ¿Que no me llamas?

Enrico   ¿Que vuelves?   375

Infanta   Pues aunque me llames ya,
              no tengo de responderte.

(Vase.)

Enrico   Yo nunca te llamaré.
              ¿Fuese ya Flérida?

Tosco   Fuese.

Enrico   ¡Oye, Flérida!

Tosco   A buena hora.   380

Enrico   ¡Ay honor, lo que me debes!

Dos vidas quisiste darme,
porque dos vidas me cuestes.

(Vanse.)

(Salen el Conde y Estela.)

Conde   Solo tu quietud procuro,
                 pues viéndote el Rey casada,   385
                 estarás más respetada,
                 y tu valor más seguro.
                 Porque si tu hermano ha sido
                 quien guardó tu honor, es llano
                 que la ausencia de un hermano   390
                 podrá suplir un marido.
                 Su padre he sido y juez,
                 porque en confusión tan fiera,
                 primero mil veces muera
                 para matarle una vez.   395

Estela   Aumente mi pena el llanto,
                 pues él aumenta el dolor,
                 la vida costáis honor,
                 no sé yo si valéis tanto.
                 Un nuevo aliento me llama,   400
                 para dar con mayor gloria,
                 dilatando mi memoria,
                 eterno asunto a la fama.
                 Ireme a los pies del Rey,
                 a ver si puedo ofendida   405
                 romper, pidiendo su vida
                 los límites a la ley.
                 Mas si el Rey airado y fuerte
                 rompiere los de la fe,

	con mis manos me daré	410
	en su presencia la muerte.	
Conde	De tu valor satisfecho,	
	solo puedo en trance tal,	
	dar la sangre y el puñal,	
	pero tú la vida y pecho.	415
	Y estos extremos no son	
	contra el valor que en ti veo,	
	que la justicia deseo,	
	pero no la ejecución.	

(Vase.)

Estela	Afligido pensamiento,	420
	que en tan confusos enojos,	
	haciendo lenguas los ojos,	
	decís vuestro sentimiento.	
	¿Qué es lo que busco?, ¿qué intento	
	cuando del Rey ofendida,	425
	me quita el llanto la vida?	
	¡Cielos!, ¿cómo puede ser	
	que haya en el mundo mujer,	
	que llore el verse querida?	
	Casarme mi padre intenta	430
	para resistir mejor	
	al Rey; porque el honor	
	con mayores fuerzas sienta	
	menos el peso al afrenta.	
	Pero no ha considerado,	435
	que en tan felice estado	
	son sus deseos perdidos;	
	porque muchos ofendidos	
	son menos que un agraviado.	

A Ludovico quisiera,
sin saber cómo avisar,
que me pretenden casar,
porque él el primero fuera,
que a mi padre me pidiera,
que si tanto amor ha sido
verdadero y no fingido,
las finezas que él hacía
cuando amante me ofendía,
podrá obligarme marido.

(Sale Ludovico.)

Ludovico [Aparte.]

(Hasta su cuarto he llegado,
según las señas que veo,
guiado de mi deseo
y de la noche ayudado.
Hoy mi amor se ha levantado
a la mayor esperanza,
¡mas siento en mí una mudanza!,
que quisiera haber venido,
si amor me hubiera traído,
pero no la confianza.
La ocasión que en mí se emplea,
ya me acobarda y anima
y pienso que no se estima,
porque ya no se desea.
Mi valor es bien se vea.
Estela es esta.)

Estela

¡Ay de mí!
¡Ay cielos! ¿Quién está aquí?

Ludovico

No te alborotes.

Estela	¿Quién eres?
Ludovico	¿No me conoces?
Estela	¿Qué quieres? ¿No eres Ludovico?
Ludovico	Sí.

Estela

Sin duda que te ofrece   470
formado el pensamiento
puesto que imaginado,
parece que te veo.
¿Pues cómo te atreviste
a entrar aquí, rompiendo   475
las puertas a mi cuarto
y a la noche el silencio?

Ludovico

Escucha Estela, escucha,
sabrás a lo que vengo
y verás que te obligo,   480
si piensas que te ofendo.
Tu hermano me ha traído
que aqueste atrevimiento
dice la confianza
que a su amistad le debo.   485
Él hizo que viniera
a decir que primero
que le pidas tu vida
al Rey airado y fiero,
dará cuello a un lazo,   490
un puñal a su pecho.
Que jamás al Rey hables,

que morirá contento,
sin que su vida compres
con tu honor. Y con esto   495
quédate satisfecha
de que me voy huyendo,
porque el amor no venza
la lealtad y el respeto.

Estela   Escucha, Ludovico.   500

Ludovico   Perdona, que no puedo,
que no vengo a escucharte,
a hablarte solo vengo.
Sabe amor, si me pesa
de la ocasión que pierdo,   505
mas donde honor es más
es el amor lo menos.

(Vase.)

Estela   Ludovico, no hagas
de la ocasión desprecio,
que nunca a quien la deja   510
volvió el suelto cabello.
Mujer es la ocasión
y ansí nos parecemos,
rogadas despreciamos,
despreciadas queremos.   515
En estas confusiones,
no sé lo que sospecho,
que a lo que amor no pudo,
me obliga el sentimiento.
¡Qué villanas que somos,   520
pues para hacer extremos,

no bastaron finezas
lo que pudo un desprecio!
Mas temeroso Enrico
de mi valor, ha puesto   525
duda en la confianza
y en la constancia miedo.
Iré a los pies del Rey,
porque vea que tengo
valor para intentar   530
el más heroico hecho,
que la fama publique,
que solemnice el tiempo,
que respete el olvido,
que siempre juzgue el suelo,   535
que la tierra sustente,
que alumbre ardiente el cielo,
que comunique el mar
y que suspenda el viento.

(Vase.)

(Salen la Infanta y Teobaldo.)

Infanta   Aquesto has de hacer por mí.   540

Teobaldo   Verás cómo al Rey suplico
                 que le dé la vida a Enrico,
                 pues ha de vivir por ti.
                 Que si el perdonar ha sido
                 debida y piadosa ley   545
                 y solo a pedirlo al Rey
                 de aquesta suerte he venido,
                 en confusiones tan fieras,
                 como mi amor advirtió,

	quisiera pedirla yo	550
	y que tú no la pidieras.	
Infanta	Débole a Enrico la vida.	
Teobaldo	Pues bien es que satisfagas,	
	si lo que debes le pagas.	
Infanta	Ha de ser encarecida	555
	con el Rey la petición.	
Teobaldo	Y tú misma la verás,	
	puesto que presente estás.	
Infanta	Él llega a buena ocasión.	
Teobaldo	No sé qué llego a sentir,	560
	que, si mi temor repara,	
	quisiera que el Rey negara	
	lo que le llego a pedir.	
	Vuestra Majestad, señor,	
	me dé por ventura tanta	565
	a besar los pies.	

(Sale el Rey.)

Rey	Levanta,	
	¿Cómo te sientes?	
Teobaldo	Mejor.	
	Que pensé he convalecido	
	y por solo haber llegado	
	a tus pies, se ha adelantado	570
	la salud.	

Rey	¿Qué ha sucedido?
	Álzate del suelo y di,
	¿qué quieres?

Teobaldo	Hasta tener	
	lo que pido, me has de ver	
	rendido a tus pies ansí.	575
	Una cólera, señor,	
	nunca previene razones,	
	ni son suyas las acciones	
	y más tocando al honor.	
	Cuando está más disculpado,	580
	si de sentimiento lleno,	
	vive a la razón ajeno	
	y a la prevención negado.	
	Y pues te suplica ya,	
	quien más agraviado es,	585
	señor, que la vida des,	
	¿mira Enrico?	

Rey	¿Bien está?

Infanta	Yo, señor, agradecida	
	en tan trágicos enojos,	
	con lágrimas de mis ojos	590
	vengo a pedirte una vida.	
	Testigo fuiste, señor,	
	cuando con valientes modos,	
	desamparándome todos,	
	me dio vida su valor.	595
	Justo será que le dé,	
	teniendo por mí el perdón,	
	la suya en satisfación,	

110

¿mira Enrico?

Rey   Ya lo sé.

Teobaldo   Licencia el honor te dio,   600
                si no es que de ti te olvidas,
                para que su vida pidas,
                para que le llores no.

(Sale Ludovico.)

Ludovico   Una dama a quien el manto
                cubre el rostro y cuya voz,   605
                con suspiros divididos
                rompe el viento con temor,
                a solas te quiere hablar.

Rey   Dejadme solo.

Infanta [Aparte.]   (¡Ay amor!
                ¡Lo que me debes me pagas!   610
                ¡Amorosa confusión!)

(Vase.)

Teobaldo [Aparte.]   (Si ya creíste los celos,
                ¿por qué dudas el rigor?)

Ludovico   Ya en la sala entra la dama.

(Sale Estela con un manto.)

Rey   Sombra que de luz vistió   615
                este cuarto, aunque eclipsado

su divino resplandor.
¿Quién eres que el alma alegre
palpitando el corazón,
ella se viene a la boca   620
y él se previene a la voz?
¿Qué quieres? ¿A qué veniste?
Que viendo por nube el Sol,
su tristeza me entristece,
deme dolor su dolor.   625
¿Por qué los rayos escondes?
Dime, ¿quién eres?

Estela (Descúbrese.)   Yo soy.

Rey   Tú solamente pudieras
                 causar tal admiración
                 al alma, que como tuya,   630
                 sin verte te conoció.
                 Y como la imagen eres
                 a quien se rinde el amor,
                 por la fe detrás del velo,
                 como deidad te adoró.   635
                 ¡Ay Estela! ¿Más que el ruego,
                 pudo vencerte el rigor,
                 la amenaza más que el llanto,
                 más que el alma la pasión?
                 ¿Tanto luto para un vivo?   640
                 Si no es que yo el muerto soy,
                 que de tus ojos, Estela,
                 es el milagro mayor.
                 Por la vida de tu hermano
                 vienes, que es justa razón, 645
                 que se la dé humilde, quien
                 soberbia se le quitó.

En tu mano está su vida,
escoge, pues tengo yo
la justicia en la una mano   650
y en la otra mano el perdón.
No soy Rey de Inglaterra,
tu rey y tu amante soy
y he de vencer con rigores,
lo que con regalos no.   655
¿Cómo podrás defenderte?
Solos estamos los dos,
hasta aquí el rigor fue cuerdo,
pero ya es necio el rigor.

Estela   Eduardo generoso,   660
                Tercero de Inglaterra,
                de las tres lucientes rosas,
                luz, norte, amparo y defensa.
                Tú, que en alas de la fama
                siempre celebrado vuelas,   665
                ocupando en tus memorias,
                voz, aplauso, trompa y lengua.
                Yo soy Estela infelice
                y de Salveric Condesa,
                por heredar de mi casa   670
                nombre, honor, lustre y nobleza.
                En Salveric retirada
                viví, donde la aspereza
                en la soledad me dieron,
                prados, montes, valles, selvas.   675
                Vísteme en el campo un día,
                ipluguiera a Dios no me vieras,
                o que allí fuera a tus ojos
                áspid, bruto, tigre o fiera!
                ¡Negárame el Sol la luz   680

y sepultándome en ella,
fuera el claro día noche,
parda, oscura, triste y negra!
Desde aquel punto empezaste
a hacer amorosas muestras, 685
resistiendo con honor,
gusto, amor, poder y fuerza.
¿Qué peña en el viento sorda?
¿Qué roca en el mar opuesta
a soplos y olas, que libres 690
baten, gimen, braman, suenan
como yo a suspiros tuyos,
como yo a lágrimas tiernas
he sido, y al agua y viento,
risco, monte, roca y peña? 695
¿Qué esperanzas tienes mías,
para que ansí te prometas
menos rigor? Pues porque
veas, notes, oigas, sepas
que la vida de mi hermano 700
no es bastante a que yo pierda
un átomo de honor, siendo
pasmo, horror, miedo y tragedia.
Con este acero que miras
me daré muerte yo mesma, 705
si acaso la afrenta mía
buscas, quieres, ves e intentas.
Si tienes hoy en tus manos
la justicia y la clemencia
y buscas para su agravio 710
muerte, horror, miedo y afrenta,
yo también tengo en las mías,
con resolución más cierta,
viviendo y muriendo honrada,

vida, honor, lauro y defensa.   715
Yo por la vida de Enrico
vine o a volver sin ella,
puesto que ha sido la mía,
culpa, causa, miedo y pena.
Para que la alma infelice,   720
en su misma sangre envuelta,
pida justicia, bañando
fuego, viento, mar y tierra.
Y conmoviendo a piedad,
siendo sola su inocencia   725
y en cada gota mezclando
voz, gemido, llanto y pena.
Porque en poblado los hombres,
porque en el monte las fieras,
porque en el aire las aves,   730
cielo, Sol, Luna y estrellas,
aves, peces, brutos, gentes,
astros, signos y planetas,
digan, vean y publiquen,
oigan, miren, noten, sepan,   735
que hay honor contra el poder,
que hay industria contra fuerza
y que hay en mujeres nobles
vida, honor, lauro y defensa.

Rey   Esconde, Estela, el riguroso acero,   740
             no te vean con él, que hacer espero
             inmortal esta hazaña.
             ¿Quién está aquí?

Estela   ¡Severidad extraña!

(Salen Ludovico, la Infanta y Teobaldo.)

Todos	¿Qué mandas?

Rey	Ludovico,
	llámame al Conde, tú Teobaldo a Enrico. 745

Infanta [Aparte.]	(¡Estela con el Rey! Ya sus enojos
	claros se ven en los airados ojos.)

Rey [Aparte.]	(¡Que una mujer ha sido
	tan noble, que el poder haya vencido!
	Callen Porcia y Lucrecia, que ofendidas 750
	despreciaron las vidas.
	Pero no desta suerte,
	por honor se atrevieron a la muerte.
	Yo solamente he sido,
	quien vencedor se coronó vencido.) 755

(Salen Ludovico y el Conde por una puerta y por otra Teobaldo, Enrico y Tosco villano.)

Enrico	Vós, Teobaldo, ¿venís por mí?

Teobaldo	Quisiera
	ser quien la vida y libertad os diera.

Ludovico	Llama el Rey.

Conde	¿Qué hay de nuevo, Ludovico?

Ludovico	Aquí está el Conde ya.

Teobaldo	Y aquí está Enrico.

Enrico	Si a escuchar mi sentencia me has traído,	760
	habiéndote de ver, piadosa ha sido,	
	pues la piedad declara,	
	que nadie muere viendo al rey la cara.	

| Tosco | Yo también quiero vella, | |
| | por no morir. Por cierto que es muy bella. | 765 |

| Ludovico [Aparte.] | (Su Majestad se sienta | |
| | y a su lado la Infanta.) | |

| Enrico [Aparte.] | (El Rey airado, ¡con gravedad admira! | |
| | severo y grave a todas partes mira.) | |

Rey	Caballeros, mis deudos y vasallos,	770
	leales, nobles y amigos,	
	a vuestro bien habéis de ser testigos,	
	pues por satisfaceros	
	tantas hazañas, que en el mundo han sido	
	término al tiempo, límite al olvido,	775
	hoy quiero lisonjearos,	
	con una reina, que pretendo daros.	
	Estela es quien merece	
	partir conmigo la Imperial Corona,	
	que luciente en mis sienes resplandece,	780
	porque veáis en tan felice estado,	
	vencido mi poder, su honor laureado.	
	No repliquéis, sentaos en esta silla,	
	que es solo merecisteis ocupalla,	
	siendo del mundo espanto y maravilla.	785

| Estela | No merezco esos pies. | |

| Rey | Y cuando fuera | |

del mundo emperador, lo mismo fuera.

Conde   Pues a mi Reina quiero
besar la mano, siendo yo el primero
que le dé la obediencia.   790

Teobaldo   Y todos esperamos tu licencia,
para deciros ya con voz altiva,
¡Viva Eduardo con Estela, viva!

Rey   ¿Pues no llegáis, Enrico?

Enrico   No he llegado,
que ninguno a su rey mira culpado,   795
mas si culpa en mi inocencia abonas,
yo llegaré contento,
pues con darme licencia, me perdonas.

Rey   En días de mis bodas,
quiero que sean alegrías todas.   800
Dé Flérida la mano
a Teobaldo.

Teobaldo   Yo soy quien gano.

Infanta   Pues, ¿no es bien que te asombre
mano de quien lloró por otro hombre?

Teobaldo   Yo la culpa he tenido.   805

Infanta   Y licencia te pido
para darla, señor, a quien me ha dado
causa de que por él haya llorado.

Rey	Yo la doy y contento
	de que así queda satisfecho Enrico.

810

Enrico	Que me dejes besar tus pies suplico,
	porque a tus plantas puesto,
	poder, amor y honor den fin con esto.

Fin de la comedia

Libros a la carta

A la carta es un servicio especializado para
empresas,
librerías,
bibliotecas,
editoriales
y centros de enseñanza;
y permite confeccionar libros que, por su formato y concepción, sirven a los propósitos más específicos de estas instituciones.

Las empresas nos encargan ediciones personalizadas para marketing editorial o para regalos institucionales. Y los interesados solicitan, a título personal, ediciones antiguas, o no disponibles en el mercado; y las acompañan con notas y comentarios críticos.

Las ediciones tienen como apoyo un libro de estilo con todo tipo de referencias sobre los criterios de tratamiento tipográfico aplicados a nuestros libros que puede ser consultado en Linkgua-ediciones.com.

Linkgua edita por encargo diferentes versiones de una misma obra con distintos tratamientos ortotipográficos (actualizaciones de carácter divulgativo de un clásico, o versiones estrictamente fieles a la edición original de referencia). Este servicio de ediciones a la carta le permitirá, si usted se dedica a la enseñanza, tener una forma de hacer pública su interpretación de un texto y, sobre una versión digitalizada «base», usted podrá introducir interpretaciones del texto fuente. Es un tópico que los profesores denuncien en clase los desmanes de una edición, o vayan comentando errores de interpretación de un texto y esta es una solución útil a esa necesidad del mundo académico.

Asimismo publicamos de manera sistemática, en un mismo catálogo, tesis doctorales y actas de congresos académicos, que son distribuidas a través de nuestra Web.

El servicio de «libros a la carta» funciona de dos formas.

1. Tenemos un fondo de libros digitalizados que usted puede personalizar en tiradas de al menos cinco ejemplares. Estas personalizaciones pueden ser de todo tipo: añadir notas de clase para uso de un grupo de estudiantes, introducir logos corporativos para uso con fines de marketing empresarial, etc. etc.

2. Buscamos libros descatalogados de otras editoriales y los reeditamos en tiradas cortas a petición de un cliente.

www.ingramcontent.com/pod-product-compliance
Lightning Source LLC
Chambersburg PA
CBHW021933040426
42448CB00008B/1042